VIRTUAL FREEDOM

How to Work with
Virtual Staff to Buy More Time,
Become More Productive,
and Build Your Dream Business

云端的员工

互联时代的用人模式与新商业生活

克里斯·达克（Chris Ducker）◎ 著

诸葛雯◎译

中国人民大学出版社
·北京·

超人情结

一只具有放射性的蜘蛛偶然爬进了高中生彼得·帕克的背包，还咬了他一口。自此，彼得的命运发生了转变。尽管当时他对此一无所知，但超凡蜘蛛侠于那一刻诞生了。

起初，彼得不过是对自己身上的超能力感到新鲜罢了。他靠这些本事过足了电视明星的瘾，还轻松赚了不少钱。但很快他就发现，能力越强，责任就越大。对企业家而言，亦是如此。

你也没有逃过被咬的命运，虽然你我也许并不知晓这是何时发生的事。当然，咬你的不一定是具有放射性的蜘蛛，不过这一口的威力同样不容小觑——你身上一样会发生转变。咬下这一口的可是创业者之虫①。

对有些人来说，一些改变了其命运的事件也有异曲同工之妙。例如，偶然间设计出一种新产品或新服务、接过家族产业的衣钵，或是失业。无论诱因如何，都能因此激发出你强大的技能与才干。

你的超能力也许包括：

● 能够发现别人无法觉察的机遇；

● 拥有一天工作 14 小时的冲劲与精力；

● 有勇气接近陌生人，与他们分享你的观点；

● 能敏捷地变身为公司所需的各种角色。

拥有这些能力是种幸运，因为你的潜力不小，能靠自己的洞察力与创造力改变无数人的生活。但它们同样也是一种诅咒，因为你会觉得能凭一己之力遨游商海。

朋友，欢迎加入超人情结综合征的行列。你一定会出现如下症状：

● 不放过任何一个能靠自己动手来节省开支的机会；

● 凡有不会之处，必定自学成才；

● 也许无法接受任何形式的批评；

● 坚信自己的想法和观念比别人强上百倍；

● 不眠不休地工作。

毕竟，公司就像是你自己的孩子。还有谁比你——这个将它

---

① 作者在此玩了小小的文字游戏。英语中有个固定表达叫 bitten by the entre-preneurial bug，字面意思是被创业之虫咬了，实际指的是开始创业。

带到世间的人，更能照顾好它呢？然而，这种想法最终会害了你。作为一个企业家，你所拥有的力量会开始产生适得其反的效果。这些超能力最终会将你置于它的掌控之下，将你的能量蚕食殆尽，把你生活中的自由时间悉数榨干。你会不堪重负，劳累过度。最后，于任何人、任何事而言——包括你自己的公司在内，你都会变得一无是处。

成为虚拟首席执行官

你也许会认为，作为虚拟团队管理者的代表，职业历程一直就是如下模式：一众虚拟员工在埋头工作，而自己则脚踩人字拖，身穿汤美·巴哈马 T 恤①，进行远程摇控。听起来很惬意，但这并不是我的故事。

精疲力竭

2008 年，我在菲律宾创办了一家名为 Live2Sell，Inc. 的外包客服中心，专注于为中小企业提供境外营销拓展与境内客户支持服务。到了 2008 年末，公司已从一个只有 7 名员工的小供应商发展成为一家拥有 75 名全职雇员的成熟的客服中心。

我的工作时间逐渐由每天 11 小时增加到 16 小时。可即便投入了这么多的时间与精力，也还是无法满足工作流程的需要——就在那时，我的"超人情结综合征"发作了。我觉得自己能在不

---

① 美国著名休闲品牌，阳光、大海、棕榈树和沙滩是该品牌永恒的主题。

断发展的企业中扮演任何角色。不论需要花费多少时间和精力，需要具备何种天赋，我都做好准备接受挑战。我觉得自己拥有无尽的时间与精力。

就在那时，我的儿子查理出生了——现在，我们变成了五口之家。我一边尽量帮着打点家里的琐事，一边继续长时间地疯狂工作。2009 年底，我觉得自己已经精疲力竭，并感受到了前所未有的压力。某天清晨，我睁开眼睛时突然意识到一件令人惊讶的事：实际上，不是我拥有这家公司，我自己就是公司！

是时候做出一些改变了。

炒自己的鱿鱼

希腊哲学家柏拉图曾经说过："需要乃发明之母。"只要你好好想一想就会发现，这句话能解释清楚许多事情：

- 为什么人们能神奇地在最后一刻完成任务——因为他们必须这么做。

- 为什么你在紧要关头总能冒出一些绝妙的主意——因为你必须想出点儿什么来，不然下场会很惨。

- 为什么我的好友帕特·弗林（Pat Flynn），Smart Passive Income 公司的创始人，在下岗后由建筑师摇身变成了成功的数字企业家——因为他别无选择。

这也是为什么鄙人，克里斯·达克尔选择炒自己的鱿鱼，舍弃了让自己精疲力竭、从头管到脚的首席执行官一职——因为我不得不这么做。于我或是企业而言，这都是最好的选择。一个很简单的事实就是，我再也无法一边如此长时间地工作，一边继续当着好丈夫和三个孩子的好爸爸。于是，我把自己给炒了。

我再也不认为投入更多的时间和精力能解决一切问题。我再也不会当一个事无巨细的管理者，因为这会给企业的日常业务带来瓶颈。我再也不想一肩挑起建立业务的重任。相反，我选择了借助技艺精湛的本地雇员与虚拟员工构成的体系来拓展业务。

我并不是说自己再也不用工作了，也不是说工作出了什么问题。我指的是从公司中的某些具体岗位中抽身而出——这些工作更适合由别人来完成。这也意味着，我必须放弃某些特定的思维方式。

我不得不承认，自己并不总能设法争取到自由；我再也不相信，只有我忙着做事的时候，才能创造经济价值。我的超人情结已经发展到了一定程度。它让我意识到，自己必须开始更加相信员工，允许他们完成自己的工作，而不让面面俱到的管理阻碍他们的个人发展。

现实就是，现在的努力能带来更多的工作机会及成功的契机。所以，我制定了一项计划，预备在 2010 年底成为一位虚拟首席执行官，并在一个名为"虚拟商业生活方式"的博客上定期记录自己的历程。这就是现在的 ChrisDucker.com。

我迈着小步，从一点一滴做起。例如：

- 将自己从大量转发的电邮讨论中解放出来；
- 聘请额外的虚拟员工来管理日常行政工作，如答复询问等；
- 聘请全职培训师为新招募的员工进行培训，而不是自己处理培训事宜；
- 组建一支内部管理团队；

- 设立基准目标、明确各项任务，不进行事无巨细的管理；
- 聘请有经验的线上营销人员及其他虚拟员工来协助拓展业务、开发潜在客户。

如果把这些细小的步骤转变成每月的目标，实现起来就会更容易。

有些目标很容易达成，但另一些则需要加以调整。例如，一旦聘请了运营经理，我就必须再次关注培训事宜，因为培训师自己也需要额外学习！

那么，接下来怎样了呢？

成果

2010 年底，我和我的管理团队实现了业务系统化。以前，我每周工作六天，每天工作 12～16 小时，而现在我把相当于一两个完整工作日的时间分散到了一周之内。

我的企业已经完全改头换面。可以说，现在我是企业的主人，而不是它的员工了。这种感觉很棒，并且会一直保持下去。

既然腾出了时间，又创建了更高效的系统，我就能着手创办另一家公司：虚拟员工职介平台（Virtual Staff Finder），一家专业的虚拟员工职介所。同时，我开始制作在线内容，内容的质量因此上了一个台阶。目前该内容在多个媒体平台同步发布：

- 博客：ChrisDucker.com；
- 播客：NewBusinessPodcast.com；
- YouTube 频道：YouTube.com/ChrisDucker；
- 社交媒体频道：Twitter.com/ChrisDucker 以及 Face-

book. com/ChrisDuckerDotCom。

如果没有团队成员的参与，也就没有这一切以及出现在我面前的额外机遇，如培训、咨询、投资、演讲等。

是时候作抉择了

那么，你呢？我的故事听起来是不是有点耳熟？你是不是也把自己累得半死，而理想的实现依旧遥遥无期？你身上的超人情结是不是已经蠢蠢欲动了？

在我看来，你需要做决定了：要么因精力不支而垮掉，要么着手打造自己的团队。

我并不是说你马上就会垮掉，也不是说你做不到每周工作七天，每天工作 14 小时。可总会有那么一天，你会为此付出代价。工作这么长的时间会影响你的人际关系，导致你失去某个重要客户，甚至造成严重的健康问题。

选择权在你的手上。现在，我只希望你能继续读下去。

为什么要打造一支虚拟团队

对某些人来说，聘请一些自己也许一辈子都不可能见到的人并与其共事，这种想法实在是有些另类。可事实上，我们的世界，尤其是商界，在过去 10～15 年间发生了巨大变化。

互联网不仅使我们能进行远距离交易，而且让全球人才如潮水般涌来，为我们所用。在此之前，我们根本无法接触到这些人。

当然，与虚拟员工共事也存在一些缺陷，例如，时区不同、无法定期碰面、可能存在文化差异等。但只要处理得当，其优势远胜过缺陷。这些优势包括：

- 节约成本，尤其是当你与海外员工共事时；
- 聘请员工时不受地域限制；
- 能够快速、简便地为一次性工作招人；
- 把对办公室的要求降到最低。

综上所述，许多首次做出尝试的外包商都担心，因为自己与虚拟员工之间距离遥远，很可能会在某种程度上被他们占便宜。这个假设很合理，有些雇员的确会这么做。但作为本书的作者，我有义务告诉你怎样从一开始就让事情走上正轨：不论是实体招聘还是虚拟招聘，招聘过程中难免会出现反复尝试。我们要限制这种尝试的次数，最终帮助你像我和其他人那样，爱上这些虚拟员工。

莱斯利·塞缪尔（Leslie Samuel）就是一名试水者。他是一位全职的大学教授，同时还身兼全职线上企业家一角。创业之初，莱斯利白天教书，晚上则为自己的新事业做牛做马。他的婚姻备受煎熬，健康也受到影响。事实上，他生活中的方方面面都变得一团糟。在落实了几个系统并最终聘用一位虚拟员工替他打理自己的线上小公司之后，事情才慢慢开始好转。现在，莱斯利觉得聘请虚拟员工不仅挽救了他的公司，也拯救了他的生活。

另一位将虚拟员工引入自家公司的企业家是思想领袖迈克尔·哈耶特（Michael Hyatt）。自从他的博客异常火爆之后，迈克尔就有些招架不住了，于是他开始聘请虚拟员工。这让他能腾出时间专心做自己真正喜欢的事——写作。

你会在这本书中读到许多像莱斯利和迈克尔这样的故事——全球各地的企业主都在借助虚拟员工来工作。你能遇到像凯尔·齐默尔曼（Kyle Zimmerman）和娜塔莉·西森（Natalie Sisson）这样的人。前者在新墨西哥州拥有并经营一家摄影工作室。而后者在创建线上企业的几年中一直没有停下脚步。透过书中的案例分析与自由聚焦专栏，与你一样的企业家跟我们分享了他们在和虚拟员工共事的过程中所面临的困境及其解决之道。

跟随本书开始行动吧

在我们纵身跃入虚拟员工的世界之前（在本书中，我还会把虚拟员工叫做虚拟助理、自由职业者、虚拟雇员、外包雇员等），让我们弄清楚这本书是写给谁看的，你又能从中学到什么。

我最不想暗指的事就是，虚拟员工只适合某些特定类型的人或企业，其实远非如此。这本书是写给那些预算有限的个体老板的；是写给博主及其他类型的电商的；是写给那些一手包揽了大小事务，并且不想因此被逼疯的自由职业者的。我在写书的时候，把实体店和电子商务都考虑了进去。例如，那些想借助网络的力量来推广业务、吸引新客户的小镇店主以及那些想扩大市场覆盖率的线上企业主。任何打算腾出更多时间、提高生产效率、大幅促进企业发展、增加盈利的企业家都能从本书中获益。

我不会让你坐好、放松，然后教你该怎么做。相反，我要你马上行动起来。我们将讨论的某些东西听起来完全符合逻辑，所以你肯定会频频点头；而有些东西听上去却没有丝毫的吸引力且似乎毫无必要，你可能就会想，"要是跳过这部分应该没什么问题。克里斯不会介意的。"

打住！想都不要想——因为克里斯会介意的。

我本人及许多真正的企业家——那些与真正的虚拟员工一道，用真金白银做实际项目、创办真实企业的人们——都尝试、测验并体验过书中所有的活动和想法。

这本书不是在介绍一些简单的技巧，让你能零散地外包一些任务出去。朋友，这本书讲的是如何制造引擎。有了这台引擎，你的四缸企业之车就能改装成一辆双涡轮赛车了。

这是不是意味着我说的方法无法进行调整，以适应你的具体需求呢？当然不是。不过，为了能使我的策略贴合你的实际，你必须先学会怎样运用它们。现在，一步一步地开展每个活动就显得很重要。你完全是一名学生，而我则完全是一位虚拟教师。在这件事上，我一点也没有掉以轻心。我保证不会用无用的信息、不必要的重复，或是廉价的趣闻来浪费你的时间。我最讨厌那些有如注水牛肉般乏味空洞的书了。

需要记住的事

在你启程前往个人自由之路或是继续沿着这条路前行的时候，我希望你能记住一条简单的道理：

冰冻三尺，非一日之寒——以一己之力也不可能为之！

不要再试图一个人担下所有的事务。这是一个学习的过程，也是一个团队构建的过程。当你对虚拟商务生活方式越来越游刃有余的时候，就能很轻松地、有条不紊地运用一些概念和想法。但另一些则需要根据你的需求进行个性化调整。

读完这本书，你就能绘出一张蓝图，将自己从一个不堪重负、劳累过度的企业家变成一位精力充沛、重新聚焦、重获自由的人。你能享受再次创业的美好前景，而不仅仅是经营好手头的公司。

还记得第一次开门迎客时的情景吗？记得自己每天干劲十足的样子吗？记得你向所有人大谈自己公司时的陶醉感吗？

我会帮你找回所有最初的热情，并助你做好准备，在下一个十年成长为最成功的企业家。这一切都源自那些打造并利用虚拟团队的策略。这支队伍能帮你经营、支持和发展企业。

准备好启程了吗？

VIRTURL FREEDOM

目录

第一章　在云端找到适合你的虚拟员工

VIRTUAL FREEDOM

第一章

在云端找到适合你的虚拟员工

寻找并聘用虚拟员工的过程与招聘办公室雇员并无本质上的不同。但我们一定要明白，这两者间确实存在差异。

本章的话题极为广泛，我们将重点关注以下内容：

- 理解有关超级虚拟助理的神话（然后破除这些神话）；

- 创建外包任务的清单，改变现状；

- 了解不同岗位的虚拟员工及其作用；

- 明白能在哪里找到合适的虚拟员工，怎么去找；

- 掌握面试十大必备问题。

在大展拳脚之前，让我们先大体了解一下游戏规则，熟悉赛场细节吧。

虚拟"游戏"的基本规则

就像参加体育比赛那样，我们得先了解一些基本原则。一旦掌握这些原则，你就能自己调整方案、简化流程了。你需要一步一步地照着下面的流程来做。

这个"游戏"的基本规则是这样的：

（1）虚拟员工是人，不是程序。虽然你通过电邮和 Skype 这类基于网络的音频或视频聊天工具与虚拟员工进行沟通，但他们仍应享有一定的尊重。了解每位员工的交流习惯，留意他们的文化、节日与传统，这些对你有百利而无一害。

（2）将心比心，以质量换质量。虚拟员工的工作质量取决于你所下达的指示。你的表述简明扼要吗？还是乱得一团糟，指望他们自己能揣摩你的想法？

（3）一人难称百人意。每位虚拟员工都有自己的优缺点，只不过他们不一定愿意在你面前展现而已。他们想取悦你，并试图找到方法完成你所布置的所有任务。这是一把双刃剑。为每项需求挑选合适的虚拟员工时一定要谨慎。我们会在下文详细讨论这个问题。

（4）没有超级虚拟助理这种生物。地球上哪儿也找不到一个能帮你完成所有业务的虚拟员工。想想看，如果屋顶漏雨，你肯定不会找电工来解决，而是请修理屋顶的专家进行必要的修缮。超级虚拟助理——虚拟员工界最大的神话之一，我会在下面做更细致的探讨。归根结底，要为岗位而非工作选人。

既然你已经清楚了这些规则，我们可以开始工作了。

超级虚拟助理只是个传说

超级虚拟助理这个想法赫赫有名——这种错误，初涉外包服务行业的企业家们一犯再犯。认真读一读这句话吧：世界上不存在超级虚拟助理这种生物。每当我发现有企业家打算找一个全能虚拟员工时，就忍不住要抓狂。我们的虚拟员工职介所收到过来自无数企业家的请求，他们都想找能完成下列任务、甚至是更能干的人：

- 更新博客；

- 管理社交媒体；

- 编辑视频；

- 转录音频；

- 创建自定义图片和图标；

- 设计开发网站；

- 回复客户服务记录；

- 研究招募会员；

- 在亚马逊为雇主所爱的人购买生日礼物。

试图将纷繁复杂的项目和任务外包出去并没有错，但找一盒万金油绝非解决之道。我也有自己的公司，能理解企业家为把事情做好所必须挑起的各种担子，但绝不能因此招进太多具有企业家精神、认为自己无所不能的员工。你应该把重心从寻找超级虚拟助理转移到确定企业定位上来。

要记住，打造商业帝国是形成团队合作的过程——在招聘员工之前，应该先明确团队的定位。

综合虚拟助理①才是你要的

能登台演讲并与来自世界各地的企业家就虚拟人力资源及外包服务共同协作，我感到很荣幸。不论身处何方或与谁共事，我的基本观点都不会改变：每位企业家都需要一位综合助理。

---

①　下文简称综合助理。

虽然超级虚拟助理并不存在，但综合助理是你所能找到的最接近超级虚拟助理的角色。他们无法完成所有虚拟员工的工作，但能将你从耗时、重复的任务中解放出来。那些本就不该是老板的工作。这样你就能支配自己的生活，并提高工作效率。他是你的密友。蝙蝠侠有罗宾相伴，福尔摩斯有华生作陪，哈迪（Hardy）离不开劳瑞（Laurel）①，乔丹（Michael Jordan）不能没有皮蓬（Scottie Pippen）。

开启虚拟人力资源的第一步就是与综合助理一同工作。他能立刻替你省下时间，这样你就能仔细考量自己的事业，而不是一味埋头苦干了。

你是否正努力试图从事下列工作？

● 登录竞争对手网站，调研其产品及价目表；

● 列出适合赞助的当地活动或适宜展出的场所；

● 确定访问量最高的网页或博文；

● 更新社交媒体频道，吸引其追随者；

● 获得地方、国家或行业媒体的推荐；

● 转录在线视频或播客内容，并据此制成电子书，或用在信息图中，以推销产品和服务；

● 更新日程表，以免错过陪最重要的客户打高尔夫的时间。

如果将这些零碎任务委派给别人，你就能每天都腾出些时间来。这里十分钟，那里半小时，时间很快就能累积起来。有些悬而未决的问题也许一直在你的脑海里徘徊，将任务委派给别人能

---

① 这两位是美国长期搭档演出滑稽片的演员。

帮助你从这种困境中解脱出来。戴维·艾伦（David Allen）就曾在《搞定1：无压工作的艺术》（*Getting Things Done：The Art of Stress-Free Productivity*）一书中指出，这是帮助你集中注意力的关键因素之一。

他写道："意识就像是电脑屏幕，是一种聚焦工具，而不是存储空间。你一次只能同时思考两三件事。未完成的项目就存储在短时记忆空间内。与计算机内存一样，它的存储容量有限；要保持高速运转，大脑就只能存下有限的'内容'。大多数人四处走动时，其'内存'已被占满。"

也许现在你的脑子里塞满了东西。这听起来太疯狂了。不过那些都是该处理的事情，所以得找个地方存放它们。这时，你的超人情结综合征就开始发作了。你会觉得只要更努力地工作，就能解决一切问题。其实，真正的解决方案不是延长工作时间，而是利用杠杆效应。

对企业家来说，时间是最有价值的商品。千金散尽还复来，时间一旦耗费掉，就再也追不回来了。显然，作为老板，如果能有什么办法在日常生活中腾出更多时间，就一定要照做。

聘请一位综合助理，并与之共事就能实现这一点。把他想象成你的私人助理。除了为你端茶倒水，或是帮你取回干洗的衣物之外，办公室里那些私人助理能做的事，综合助理一样能完成。

下面就是一些综合助理能代你完成的事。这样一来，你的大脑就有更多空间，工作日的安排也就不那么紧凑了。

- 开展网络调研；

- 在线购物（给他一张小额度信用卡，每月监控账户情况）；

- 更新你的日程安排；

- 预约餐位；

- 撰写新的博文或上传视频至 YouTube；

- 送礼物给你的妻子/丈夫；

- 如果你还没找到另一半，给默契网①或 eHarmony② 上的潜在约会对象发电邮——真的能这么做；

- 根据预先写好的文章，更新脸书状态；

- 订购更多的名片；

- 根据网络新闻资源整理文章列表，通过电邮每周发送简报；

- 给你在会议上刚刚结识的人发送后续跟进邮件或商务信函；

- 每年预约两次洗牙，并在日程表上标注出来。

你会发现，这只是个开始。综合助理每天都在帮助我们实现自由。而且，他只是众多等待加入你们团队的虚拟员工中的一员。现在的问题是，你还想让虚拟员工为你做些什么呢？

下面提供了一个十分便捷、有效的方法，能帮助你很快找到答案。

---

① 全球最大的婚恋交友网站，其成功牵手率创造了吉尼斯纪录。
② 美国最大的婚恋交友网站之一，专门致力于促成"以结婚为目标"的恋人关系。

创建外包任务的清单

在任何情况下，获得自由时间的第一步都是确定你到底想从哪些工作中解放出来，并且需要哪些岗位的员工来完成这些工作。所以，不论是在演讲中，还是在接受播客采访时，甚至是在常规的新闻发布会上，我都会提到"自由三清单"练习。它绝对可以让人大开眼界，使每个人都能拥有一张量身定制的任务清单。这些任务将伴随着我们踏上前进之路。

在将三张清单组合到一起之前，让我们先来思考一下，要将哪些任务列入清单之中。首先，花点时间想想，哪些工作是企业维持正常运转所必需的——如客服这类日常工作。接着，考虑企业发展所需的一切活动，其中也许包括内容创作等。然后，在里面划出你个人很喜欢做的事。接下来就可以开始创建自由三清单了。

你不爱做的事

这些是让你想打退堂鼓，一直拖着不想做的事。除了销售，什么都能放在这里。销售是重中之重的业务之一，因为它是企业的命脉，而且你应该是最了解自己的产品或服务的人。

你是否在千篇一律地回复客服的电邮，也许回答的都是一些最基本的询问？你是否还在为自己的博文设计版面？已经受够了这些工作吗？那就把它们都放到这张清单里。

澳大利亚的詹姆斯·施拉姆科（James Schramko）是现今最受欢迎的网络推手之一。他的事业极为成功。一开始，他就聘请了虚拟员工来处理自己不愿再花时间做的事。这成就了 Super-fastBusiness.com，这家极为系统化的网络公司拥有 50 名（是的，你没看错）虚拟员工，日以继夜地为他工作。

你不会做的事

对自己坦诚一些。千万别让超人情结在此时发作。我还记得自己当时试图用一个高级主题来设计、开发首个博客时的情景，花了整整八个小时，结果还是不尽如人意。为什么呢？因为我压根就不是网页开发的好手。

休息片刻，认真地去想一想，思考下面的问题：

- 你手头的一些工作如果交给别人，能否加速完成？
- 你正在推进的项目能否以更便捷、更专业的方式来处理？
- 你是否为了节省开支而涉足了自己完全不熟的领域？

创业导师、播客杰米·塔蒂（Jaime Tardy）就聘请了虚拟员工来管理其企业 EventualMillionaire.com 的网页开发与线上营销。因为她不懂这些，所以她决定面对现实，而不是试图学会一切知识。

你觉得不该做的事

我觉得这是你最该花心思去制定的一张清单。对老板们来说，这绝对能使他们眼前一亮，因为这张清单能促使他们思考现有的企业运作模式。更为重要的是，它能让你看清，你打算如何继续经营企业。

你可以思考如下问题：

- 哪些工作你永远都不会去碰？也就是说，你可以将它们完全排除在计划之外，从而为更重要的事腾出时间和精力。

● 哪些基层工作可以以兼职的形式简单地委派给虚拟员工？

● 哪些工作能交给该方面的专家？就这些工作而言，你勉强支撑可能造成的损失会超过因此能省下来的开支。

● 哪些工作让你无法专注于企业的战略成长？

媒体人戴维·斯特曼·加兰德（David Siteman Garland）曾因事无巨细地处理网络媒体公司 TheRiseToTheTop. com 的业务而忙得焦头烂额。当他意识到自己需要更多时间来关注一些最核心的问题，如建立关系网、进一步依靠博客与网络品牌盈利等时，他选择了向虚拟员工求助。加兰德因此省下了大量时间，并拥有了一档最受企业家欢迎的网络电视节目。

刚开始时，你的自由三清单可能与下面的模板有些类似。但请注意：这是一张标准化的清单，适用于世界各地的企业家，你的清单必须以自己为中心，贴合你的自身需求。

不爱做的事	不会做的事	不该做的事
查收邮件	开发网站	更新脸书内容
管理社交媒体	编辑播客内容	处理一级支持
回复基本咨询	设计商标与图形	转录网络视频
查询出行路线	记账与会计核算	管理公司博客

把你的自由三清单放在手边：我们会经常用到它。

现在，你已经知道哪些工作可以很容易地委派出去。随着时间的流逝，这张列表还会不断延长。如今，大部分企

可登录 ChrisDucker. com/3Lists 观看如何创建自由三清单的视频。

业家都是这么过来的——不仅如此，通过制定自由三清单，你对自己及必须委派出去的任务的性质都有了更深的了解。这一点对事业取得成功来说极为重要。理解了这些之后，让我们再来讨论如何找到并聘用能助你革新运营模式、扩大业务的员工。

准备起程

自此，我就要开始带领你踏上个人自由之路了。我会将自己近十年的外包服务经验浓缩成一个精练的培训体系，帮助你革新个人生活与职业生涯。

但在启程之前，我需要你做出一个承诺。希望你能保证，在打算聘用虚拟员工或继续招聘员工时，能先认真读完本书的前两章。我精心设计了这两章，想为你指明正确的前进方向，帮你为日后的工作打下坚实的基础。

当然，你也许会时不时犯些错误。但跌倒之后，能在多短的时间内重新站起来，拍掉身上的尘土继续前行，则要取决于你对前几章内容的理解与掌握情况。根据我的经验，有两大原因可能会摧毁依靠虚拟员工建立起来的商业帝国：

（1）只依靠一个主心骨，而非一个各司其职的团队。一旦找到一个特别优秀的虚拟员工，你就很容易跌入这个陷阱。你可能觉得他不会离开公司，然后开始围绕他的强项开展业务，却忽视了团队协作的重要性。我真心重视员工的长期忠诚度，但绝不会让自己的公司因为个人离职而垮台。在公司内，每个人的角色都必须是明确的，而你也要清楚，一旦有人离职或需要裁员，自己该如何应对。生活必须继续下去。

（2）团队没有接受适当的培训。对雇用虚拟员工的企业来说，培训是成功的基石。第二章将教你如何应对这方面的问题。

我想确保你们不会犯这两方面的错误。

两种不同的外包模式

为了简化说明，让我们把外包服务分成两大类：项目外包与岗位外包。

● 当企业只需完成单一任务或项目时，就会使用项目外包。它可能是类似于创建一个图标或在网站上设置自动回复功能这样的简单任务；也可能是一些更为具体的项目，比如创建电子商务网站或设计移动应用程序。

● 岗位包外则是为你的公司寻找特定的兼职或全职员工。在该模式下，虚拟员工成为公司的一分子。为了让此举能实现其经济意义，你必须为虚拟员工提供足够的工作量。这样，你支付的薪水才能物有所值。

为公司增加一名全职或兼职员工的好处就在于，你能提高所有任务的执行速度。但如果公司的业务量不够或是效益一般，无法聘用全职或兼职的虚拟员工，又该怎么办呢？

这个问题问得好。目前，你需要从长远的角度出发，抱着项目外包的心态来行事。这就意味着，你每次外包任务出去都是一次机会。你能够：

● 学会如何以适当的方式，就想要委派的任务进行沟通。保存好所有日后能用来培训虚拟员工的往来邮件与视频。

● 找到日后有可能发展成为兼职或全职员工的虚拟员工。有些最佳工作关系是在一起合作小型项目的过程中发展起来的。留心那些你打算在日后引进公司的前途无量的人才。

不论你是从一家依靠自由职业者来不断完成任务的小规模公司起步，还是坐拥一家已招聘了不少兼职或全职员工的企业，有一点是确定的：对于谁应该为你做些什么，你最好心里有数。

自由之道 | 杰瑞德·克洛斯劳
资深网络推手　Cliconomics. com

杰瑞德·克洛斯劳（Jared Croslow）是位杰出的营销专家，也是位名副其实的企业家。他渴望创业，期待制造出伟大的产品与服务，也希望能帮助身边的每一个人。在这方面，他首屈一指。

陷入困境

2011年我刚认识杰瑞德时，他正与5名虚拟员工一起，为包括自己的网络营销博客 Cliconomics. com 在内的多家公司工作。他不止一次意识到，尽管不缺人手，但由于自己手上的项目和任务太少，员工的工作量都不饱和。用杰瑞德现在的话来说，即便得到了适当的支持，他还是以"准时制（just in time）"的模式来经营企业。他必须竭尽全力为员工找到活干，并因试图亲自掌控公司的方方面面而产生了焦虑情绪。后来他意识到，这种工作模式是失败且不健康的。事实上，因为缺乏专业知识，自己很容易筋疲力尽，错误频出。

解决之道

杰瑞德决定转变创业方案，在接到任务时再聘请虚拟员工。现在，他采用了"需求管理（just in case）"的企业运营模式。这包括只在需要时才聘用一些兼职虚拟员工来处理必要的工作。例如，他聘请了虚拟员工来协助开发一种新的策略——只在有需求时才招募人手。

最终成果

自虚拟员工的聘用计划改变之后，杰瑞德的事业又向前发展了一步，同时，雇员对自身工作效率的满意度也提高了。

定义不同岗位的虚拟员工

从见识到训练有素的专业化虚拟团队实力的那一刻起，所有企业家都梦想拥有的强大资产之一——更多的时间——就变得触手可得。

想象一下，如果你有更多时间研究业务，而不是一味埋头苦干，工作会变成什么样子？为了实现这一目标，你必须首先明确自己企业的定位。

这时，我们制定的自由三清单就能派上用场了。看吧，我说过会用到它的！我的建议是经常回头看看这张清单，把它当成你打造虚拟团队时的框架。一支真正属于你的队伍与其所服务的客户同样重要。说到打造这种团队，我的九字真言就是，"为岗位而非工作招人"。

让我们来看看虚拟员工都适合哪些岗位，包括他们的主要任务和大致的工资标准。为了便于理解，请大家记住，这里说的是各岗位的全职（一周五天，每天工作八小时）海外虚拟员工的工资标准。下面以菲律宾员工的工资水平作为基准，因为我对他们比较了解。

兼职岗位的工资标准可以直接在全职的基础上减半。不过请大家注意，我遇到的所有国内外虚拟员工都对全职岗位更感兴趣。

下面是本书将讨论的一些主要岗位类型。不论是电商还是传统的实体店老板，都能通过这些员工，在现今的经济活动中开展营销、拓展业务。

- 综合助理
- 网站开发工程师
- 图形设计师
- 搜索引擎优化师/网络营销助理
- 内容编辑
- 视频编辑
- 应用程序开发师

综合助理

我之前已经说过，我绝对相信每位企业家都需要一位综合助理。即便你已经聘请了私人助理，我还是建议你雇用一位综合助理。这不仅是因为你绝对负担得起，综合助理的初始工资是每小时 3.5 美元左右——这意味着原先由私人助理承担的底层网络工作可以交由他们来完成，而且他可以帮助你尽快接受虚拟员工这一理念。相信我，这绝对没有你想的那么可怕。

工资标准：每月 500～900 美元。

典型工作职责：

● 研究关键词与主题。

● 管理社交媒体，更新状态信息。

● 管理日程安排，包括差旅安排及每日例会。

● 上传博文，协助发布进度表。

● 用信用卡进行小额交易。

● 撰写、管理网络销售及产品运输报告。

● 像项目经理那样，检查其他员工的工作进展（我们稍后会讨论这一点）。

网站开发工程师

这类虚拟员工技术极为熟练，而且大多自学成才。从基本的宣传册风格的页面，到功能完善的电子商务网站，他们能开发出任何类型的网站。

你可以把他们看成数字承包商，专门负责开发极具吸引力且能正常运转的相关网站。如果没有可靠的网站开发工程师的帮助，你很快就会发现，自己的网站陈旧过时，并且在上面找不到任何一个排名靠前的网站该有的内容。但你得记住，网站开发工程师可不负责帮你设计网页。他们的任务是通过编写代码赋予网站生命，并维持它的正常运转。

工资标准：每月 600～1 500 美元。

典型工作职责：

● 安装、定制博客与网站主题。

● 安装购物车及"立即购买"按钮。

- 创建电子商务网站。
- 创建会员网站。
- 维护备份，更新软件与插件。
- 使用 PHP[①] 及其他"可怕"的编程语言。

不用担心上文中出现的一些术语。不懂术语并不妨碍你从网站开发工程师的技能中获益——相信我，我深有体会！

图形设计师

可不要把他们与网站开发工程师弄混了。图形设计师负责根据客户的需求，为线上及线下营销创建各种图形。

工资标准： 每月 600~1 500 美元。

典型工作职责：

- 创建商标及名片。
- 设计产品形象及零售包装。
- 为视频制作三维图像。
- 定制网站图标与按钮。
- 设计原创网站，开创崭新的理念。

搜索引擎优化师/网络营销助理

搜索引擎优化师的世界瞬息万变。也就是说，只有那些真正涉足其间的专业人士才能为他们的客户与雇主带来持久的效果。说白了就是，去年用得好好的引擎，现在可能效果大打折扣，或

---

① 服务器端编程语言。

是压根儿就不能再用了。

例如，2012 年 4 月 24 日，谷歌推出了新的企鹅算法，目标直指那些违反其网站管理员指南，通过复制内容、堆砌关键词及其他"黑帽"① 技术提高搜索排名的网站。谷歌此举的目的就是降低这些网站的排名。

也许你的搜索引擎优化策略中从未使用过这些技术——可就算没有涉及这些，搜索引擎算法也在不断变动，你的网站排名也会因此上下浮动。所以，与那些能执行最新策略的搜索引擎优化师成为合作伙伴十分重要。

这类虚拟员工能帮你优化网站内容。我们将在第六章详细讨论这个问题。因为该领域变幻莫测，所以需要确保你所聘用的虚拟搜索引擎优化师②一直在用最新知识武装自己，并跟得上可能会对你的网站排名产生影响的业界变化。

工资标准：每月 600～1 000 美元。

典型工作职责：

- 优化页面标题、网站描述及关键词。

- 链接全网内容。

- 执行链接建设、社会化书签等站外搜索引擎优化策略。

- 通过搜索及定期编纂常见行业搜索术语来研究关键词，帮助你更加关注网站的内容创建。

  - 维护所有在线产品的页面内容。

---

① 所有使用作弊手段或可疑手段的都可以称为黑帽搜索引擎优化，比如垃圾链接、隐藏网页、关键词堆砌等。

② 下文简称搜索引擎助理。

内容编辑

内容编辑既喜爱又擅长阅读与写作。很容易就能找到一个刚迈出校门的大众传媒、酒店餐饮管理或护理专业的国外大学生。这些专业的学生都学习过并能熟练运用英语。不过,外包的网页内容要精心选择。我的建议是,但凡出现你自己名字的文章还是亲自动笔比较好。

工资标准: 每月 400～700 美元。

典型工作职责:

● 撰写 500～1 200 字的博文。

● 创建播客描述(又称"播出说明")。

● 撰写新闻稿。

● 调研、拟列提纲并撰写电子书及白皮书。

● 编写网站内容。不过,建议"企业简介"这部分永远不要外包,博主或老板应亲自动手。

● 阅读你推荐的文章与图书,形成与之匹配的想法。

● 上传文章至博客。不是所有的内容编辑一开始都会这项操作,但这很容易学。如果你的网站使用了 WordPress 这类易于上手的平台,就更是如此。

视频编辑

鉴于在线视频营销日益受到追捧,掌握后期处理技巧、熟悉各种视频营销平台的虚拟员工越来越抢手。如果你尚未在现有的营销战略中使用视频,那么下面针对 YouTube 的统计

数据可以供你参考。请记住，还有很多其他的在线视频分享
网站。

● 每月访问 YouTube 的有效客户超过 10 亿人次。

● 每月在 YouTube 点播的视频时长超过 40 亿小时。这有点
像吃薯片——只要一开始，就停不下来了！

● 每分钟上传到 YouTube 的视频时长达到 72 小时。

我知道现在很多慢热的人可能会觉得 YouTube 是人们逃避
现实的地方，那里遍地都是会跳舞的猫和可爱的宝宝。虽然这么
说没错，但 YouTube 也是人们获取知识的地方。从"如何修理
漏气的轮胎"到"我该购买哪种相机"，人们也会在上面搜索各
类信息。

别担心，就算没有导演专业的学位
或昂贵的设备，你一样可以制作出魅力
十足的高质量视频。事实上，只要编辑
得当，利用智能手机自带的摄像头拍出
的视频一样能为你的网站带来精准的访
问量，并由此带来潜在客户或又一个销
售高峰。

> 可登录 ChrisDucker.
> com/SuperVAMyth 观
> 看在虚拟视频编辑的
> 帮助下能用 iPhone 制
> 作的视频种类。

虚拟视频编辑能将你的原始视频与音效、视频特效及显影效
应（这与你用来美化 iPhone 照片的 Instagram 滤镜类似，但更复
杂一些）相结合，制作出高质量的视频。最后连你自己都会惊
呼，"这真是我用手机拍出来的吗？"

根据视频编辑的资历及你所希望实现的视频和动画效果，这
类虚拟员工的工资标准差异较大。

工资标准：每月 800～2 000 美元。

典型工作职责：

- 拼接、编辑原始视频文件。

- 合成不同的剪辑片段与转场效果，吸引观众。

- 加入音乐及背景音之类的其他音效。

- 混入动态文字等特效。不过，只有当你打算强化故事效果或让其滚动播出时才有这种必要。纯粹为效果而使用特效，反而会分散观众的注意力。

- 上传视频。一旦你认可了编辑后的视频，视频编辑就需要确保视频被正确上传至 YouTube 及其他视频分享网站。

应用程序开发师

对于移动应用程序，人们看法不一。一些人觉得这种潮流终究只是昙花一现。另一些人则把它当成移动网页浏览，甚至是一般商业的未来趋势。

哪一种看法更正确呢？现在还不得而知。不过有一点可以确定，移动应用程序的开发、营销与购买量都处于上升趋势。这就意味着，企业家需要明确，在消费者对其好评如潮的时刻，自己是打算抓住机会参与其中，还是坚守传统的互动方式。

与视频编辑类似，网上的免费开发工具众多。用户能以极低的价格甚至是免费使用这些工具来开发应用程序。不过，我觉得最好少用免费软件，尤其在你打算为自己的品牌创造客户体验时。

工资标准：每月 1 000～2 500 美元。请注意，应用程序开发师的工资水平变化非常之快，最好按件计费，而不是支付时薪或月薪。

典型工作职责：

● 为应用程序设计初始方案并布置选项。

● 建立线框，展示程序的运作过程。

● 使用 JavaScript，PHP，jQuery，Node.js，MySQL 及其他众多的编程语言。

● 在 iOS、安卓和黑莓等系统上进行测试，确保程序的兼容性。

● 通过 iTunes 和其他平台提交并管理应用程序。

请记住，这些只是虚拟员工的主要角色。你会发现，越来越多的行政工作，如簿记等，也经常外包给别人——20 年前就有人这么做了。归根结底，只要你能明确分工，只要这份工作可以通过联网的电脑来完成，你就能将其外包出去。

既然我们已经理解了角色定义的重要性，也了解了现有的适合虚拟员工的岗位，现在就应该开始寻找合适人选了。开始之前，给你几条有关寻找、聘用及解雇（唉！）流程的建议。

● 聘用虚拟员工是一个过程。你要找的是适合该岗位的人选，而不是最优秀的人选。不要马上做决定。要知道，判断一个人是否合适的办法就是给他机会展示。招聘是一个学习的过程。你会发现，随着时间的流逝，它会变得越来越简单。

● 相信自己的直觉。如果一个人的简历看起来很不错，但你的潜意识敲响了警钟，那就不要聘请他了。就这么简单。

● 注意回复邮件的时间。如果你打算和某个人进一步谈下去，但对他回复你邮件的时间心有不满——或者说，他回复你的邮件中总会漏掉几条信息——那么可以预见，这将成为日后每天工作中的常态。问问自己，"我能接受这种情况吗?"

只要你采纳了我接下来要教给你的招聘惯例，就能增加找到合适人选的几率。

最佳实践 | 托德·比尔肯斯
网络教师　Elllo. org

大部分人之所以开始考虑开展网络业务，多半是因为工作不称心或想挣些外快——但托德·比尔肯斯（Todd Beuckens）是个例外。正是出于对教育的热情，在亚洲教书的托德创办了 Elllo. org。该网站为师生提供免费的学习资源，帮助他们接受更好的教育。托德有十多年的教学经验，充分了解师生的需求。这使他能创建一些在网络上——或者就这一点而言，在任何地方——极难找到的资源。

为了能将网站货币化（即直接依靠网站挣钱），托德利用谷歌广告联盟来销售数字产品和一些在线课程。整整五年，托德都有些捉襟见肘。从网站编程到创建自定义图形，他事事亲力亲为。直至遇到一个自己无法解决的编程问题，他才决定向外人寻求帮助。之后，托德意识到，请一个帮手远比自学某些专业技能要有效率。

顿悟之后，他向自己做了一个有趣的承诺。尽管依旧对教学满怀热忱，但在网站收益足以取代他的工资收入之后，托德仍然决定辞职，去过自己梦寐以求的电商的生活，从此四处游历，探访异国海岸。

但让人奇怪的是，在享受八个月的日光浴，度过一段梦幻般的日子之后，托德反倒觉得很痛苦。他意识到，自己十分怀念之前的教学生涯和同事，也意识到自己想重执教鞭，可他又不想关闭自己的网店，也不想徘徊在全职教师与靠自己一人撑起的网站之间，把自己逼入绝境。他要找一个合适的平衡点。

为何选择虚拟员工？

回到教学岗位之后，托德就能利用自己的工资来支付网站外包的费用，从而继续做自己喜欢的事。做出这一决定后不久，托德逐渐转向专业外包以寻求帮助。现在，网站的所有工作中，只有大约 1/5 需要他亲自完成，而他还能同时做好全职教师的工作。

托德经常回忆起一件事，并以此来重申，虚拟员工这支劳动力队伍实力强劲、效率高超。多年前，他曾在出版行业工作，并承担过一系列图书的出版任务。出版社支付给他 1 万美元，请他负责编写其中的一本。该书包含 14 个教学单元，合著者、设计师、编辑及销售人员组成的团队共同负责出版该书。从理念的设计到最后的分销，该书耗时两年才得以完成，现在仍在销售中。

可以将其与托德最近创建的西班牙语学习网站做个比较。这个网站提供的 300 余段视频来自 12 个不同国家的西班牙语演讲者，此外还有各种测试供学习者挑战。然而，该网站最令人印象深刻的特征在于，它是由完全不懂西班牙语的虚拟员工建立的。

网站在不到三个月的时间内就建成了，而且还将以印刷品和移动版本的形式进行配销。

多亏了托德聘用的虚拟员工，网站才能以一种他并不会说的语言建立起来，而且这些员工为托德省下了一大笔开销。不然，光是创建网站本身就要多花好几倍的钱，更不用说算上印刷品和移动版本了。

托德的障碍

托德面临的最大问题是，他总担心小企业有风险。像"怎么会有人愿意为小企业工作呢？"以及"我要是被骗了怎么办？"这类问题在他的脑海中挥之不去。

可一旦放手一搏，这些问题很快就有了答案。他发现，许多独立承包商与虚拟员工更愿意为小企业打工，因为它们得到的待遇更为优厚。托德意识到，聘用虚拟员工不仅可以将自己解放出来，而且多数虚拟员工都工作勤勉。他们很享受成为不断成长、进步的企业中的一分子这一过程。

托德的最佳实践

● **与多个虚拟员工一起工作，而不是只依靠一个全职虚拟员工。**与聘用一个全职虚拟员工来完成一个项目相比，托德更喜欢与多个员工一起工作。这些员工每人负责一个小任务，在项目结束前，每周花几个小时处理这些任务。他还发现，有些员工宁可每周花几个小时与不同的员工携手完成任务，也不愿意被拴在一个人或一个任务上。例如，假设托德需要为他的一个教学网站准备500道测试题，他不会将所有任务都交给一个员工来做，而会聘用一组虚拟员工，这样就能确定谁最适合这个任务。

● **寻找尚未被评论的自由职业者或虚拟员工。**每个人都需要一次开始的机会。如果能正确运用这一策略，它就能带来双赢的局面。托德会联系这些新手，向他们简要概述自己的业务，并抛出橄榄枝。一些最优秀的员工到现在还跟着他干，他们都是利用这条策略请到的。

● **做个好人。**这条策略很简单，效果也很好。员工们最终将成长为能长期出色工作、具有很高效率的人，还是在虚拟世界中逐渐消亡的人，其间的区别就在你选择如何对待他们的一念之间。

托德使用的工具

下面是托德在与虚拟员工一同工作时，最常使用的几种工具：

● Screencast（Screencast.com）：手把手教你如何按照自己想要的方式制作出可供虚拟员工培训用的内容。

● Dropbox（Dropbox.com）：一款文档共享软件，能让所有人保持同步，将个人文件夹共享给团队成员。

● Skype（Skype.com）：与你的全球雇员面对面交流的最佳工具。

托德能清晰地与虚拟员工交流，了解他们的一切，明白他们想以何种方式与自己合作。这些都使得他能将员工的产出最大化。了解每位员工想以兼职还是全职的方式与自己合作、每个人喜欢的上下班时间，这些都是他不断取得成功的关键。

去哪儿寻找你要的人

有许多平台和选择能在虚拟员工与你的企业间搭建起桥梁。它们各有利弊。最终，你需要选定自己的方向。不过，我会在这里把自己对每种选择的看法如实地写出来。

外包公司

你可以从人力资源服务公司招聘员工来完成各项任务。我想不出有什么好的理由能解释为何有人会选这条路。让我来细述一下原因吧。

需要考虑的事

- 这类服务通常价格昂贵，因为外包公司必须将每位虚拟员工的价格推高才能获利。
- 这些虚拟助理不是你的团队成员——为他们支付薪水的是外包公司，不是你。
- 你们之间几乎没有什么机会建立起忠诚度和信任感，因为他们是外包公司聘请的，不是你直接挑选的。
- 如果外包公司破产，你就会在一夜之间失去所有助理。

招聘网站

Elamce.com，oDesk.com 和 Craigslist.org 都属于这一类。当你想要以项目为基础外包任务时，招聘网站就是寻找虚拟员工

的最佳选择。这些网站用起来很简单:

（1）发布包含需要完成的任务或项目的帖子。

（2）设定你愿意支付的酬劳。

（3）接受自由职业者的回复。

（4）将任务分配给一位自由职业者。

（5）设定项目的阶段性目标，然后就可以开始了!

需要考虑的事

- 你能很快找到人来完成独立的项目。

- 你能查看他们的历史评价，了解其工作表现。

- 你是他们众多客户中的一员。而他们也知道，你可能只会与他们合作这一个项目（如果你喜欢他们，当然还能再次合作）。这会使你们很难在一套常规流程中建立起良好的工作关系。

- 这类虚拟员工完成的工作越多，得到的报酬就会越高。他们才不会管一位全职雇员或两三位兼职雇员是否心情舒畅呢。因此，工作质量会受到影响。

自由职业者市场网站

近期的经济下滑与招聘网站的日渐流行促使许多人开始冒险自立门户，开创了"出租虚拟员工"的服务。这些人都是掌握了某项具体技能的技艺精湛的自由职业者。他们将自己归为企业家而非虚拟员工——这种现象在美国、英国和澳大利亚尤为流行。登录 Frrelancer.com，Guru.com 和 Fiverr.com 等网站，你会找到大量的此类自由职业者。

通常，与招聘网站相比，通过这类网站为单个任务或某个时间段寻找雇员的开支更高。

需要考虑的事

● 如果你是首次尝试外包，最好在开始的时候试着指派一项能快速完成的简单任务。这些自由职业者习惯了出售自己的服务。他们会花时间逐步为你讲解自己做了什么。

● 他们希望与你建立起长期的合作关系。

● 他们技术娴熟，同时也是企业主。也就是说，他们为自己的服务收取的价格较为昂贵。

● 因为你在与一个具备企业家思维模式的人一同工作，所以你可能会发现，与在招聘网站等处找的人相比，他们更固执己见、不易说服。

虚拟员工招聘服务

近几年涌现出一种较为新颖的商业形式，即能为你提供潜在虚拟员工的公司。为了将信息完全公开，我需要说明，我自己就开了这样一家公司，即 VirtualStaffFinder.com（专注于提供前文提到的综合助理）。要想通过这一渠道招到虚拟员工，你需要注册招聘服务，提交岗位说明书，然后就可以高枕无忧了。你能将精力集中在自己的公司经营上，招聘团队会替你面试、做背景调查和测试，以及完成必要的额外筛选来确定最终的入选名单。然后，你就能面试他们（这一般会通过 Skype 来进行），并雇用你有信心能立即与其合作的人选。

需要考虑的事

● 虚拟员工招聘服务是找到虚拟员工的简单、有效的方式，因为它能为你省下很多数据收集工作。

● 介绍工作的专业人士每天都在处理这类招聘，他们的经验能让你受益匪浅。

● 招聘到的虚拟员工是你的直接员工，因此也是团队的一员——由你直接进行培训和管理。他们不同于在职业介绍网站上找到的某些自由职业者，不会希望继续与其他客户合作。

● 招聘服务的成功率很高。如果你想为打算填补的职位空缺招到合适的人选，这是最有效的方式，而且还能避免将错误的人招致麾下。

虽然上述方式都很重要，但还有很多其他的方法能找到高素质的虚拟员工——如果你愿意做一些额外的工作，也能尝试通过社交媒体来招聘虚拟员工。在经历了最初的一段不愉快的外包体验之后，由门卫转型成企业家的大卫·里斯利（David Risley）转向推特来寻找自己的下一位虚拟员工。他爱死了这个微博网站的简便操作。

在这个话题结束之际，我建议只要有可能，你就要尽量通过像 Skype 或谷歌视频群聊这类服务与你的雇员聊聊天——最好是视频聊天。这让你有机会看到这个有可能会成为自己虚拟员工的人的庐山真面目，至少也能听听他的声音，更多地了解他的脾性。也不一定每次都得这么做。我觉得，要是只想请人为我设计一个商标，就没必要关心他的个性了。但在某些情况下，这种直观的交流可能就会让你决定是否聘用对方。

明确描述所需岗位

聘请到合适员工的第一步就是明确界定公司所需的岗位。这一点极为重要。

一旦确定了岗位，下一步就是撰写完备的岗位说明书。如果你打算在招聘网站上招人，这能帮你招募到合适的人选。如果你选择招聘服务，它也能在面试过程中起到指导作用。花些时间和精力好好地写一份有效的岗位说明书将能为你的企业招聘到恰当的人选。

下面是一份优秀的岗位说明书所必须具备的十大要素：

职位名称

职位名称必须能反映出岗位的工作内容。不要搞噱头，也不能误导人。

下面是我最近见到的一些十分不错的职位名称的例子：

- 处于发展阶段的旅行社招聘兼职数据录入虚拟助理。
- 少儿 Kindle 项目招聘图形设计师。
- 电邮通信模板设计项目招聘网站开发工程师。
- 招聘虚拟助理，协助首席执行官处理每日工作清单。

职位类型

注明该岗位是为某个项目招聘的，还是招聘兼职或全职员工。

工作时区

注明你自己的工作时区以及你希望虚拟员工所处的时区。这能让应聘者快速了解你的工作体系结构。

所需技能

该岗位需要哪些特殊技能？一定要写得十分具体。

每日报告与问责制

为了避免混淆与表达错误，你必须让团队成员每天下班前进行简短的汇报，总结当天的工作情况，概括取得的进展或面临的困难。发送一封简单的电邮或利用类似于谷歌云盘或 Dropbox 等文档共享服务来更新共享文件都可以。在岗位说明书中注明你希望收到每日报告。这主意不错。

工作薪酬

这是你打算支付的工资数额。对兼职员工来说，你需要指明每周最长的工作时间。就全职员工而言，则是每月最长的工作时间。一定要确保你所支付的薪酬能体现虚拟员工的真正价值。

每日工作职责说明

为具体的岗位撰写一份简明的责任与义务说明。越具体越好。

这份说明可能包括：

● 每日工作所需的关键技能；

- 每日必须完成的任务；
- 使用某种工具、软件及系统的经验；
- 硬件要求，如网络摄像头或扫描仪等。

> 可登录 VirtualFreed-omBook. com/Reader 下载岗位说明书模板及完整的综合助理岗位说明书，为你提供灵感和想法。

每周工作职责说明

可以的话，列出该岗位每周必须完成的任务。

季度工作职责

列出不必每天或每周完成，但必须在每个季度内完成的任务。例如，更新电子表格，参加头脑风暴会议，提出改良系统和流程的建议等。

可能较难实现的任务和技能

利用这个机会来强调你正在寻找的难度更大的技能。了解虚拟员工是否在继续增强这些技能是很重要的。不过，要小心——你一定不想把他们吓走吧！

不论通过何种途径来寻找虚拟员工，一旦你将岗位职责固定下来，应聘者也前来应征，下一步就是和那些简历看起来最有意思的人聊天了。

下面是最近我们在虚拟员工职介平台上收到的一位客户所撰写的岗位说明书。你会发现它版面设计简单，但内容极为具体。如果你打算从一开始就步入正规，就要让你的岗位说明书像它那样井井有条。

职位名称	综合助理
职位类型	全职
工作时区	愿意在正常工作时段工作
每日报告	每天下班时通过电邮汇报工作要点
工作薪酬	月薪 550 美元起，每 12 个月审核一次
任务与技能详述	**总体说明：** 观察力敏锐。 英语阅读及写作能力出色，能明确遵照指令行事。 具备较强的组织能力与区分轻重缓急的能力。 能进行自我管理，具有主动性。 **每日任务：** 清除最近 24 小时新增的数据库条目。 检查电邮，回复所有能回复的邮件。 查看脸书上的个人消息。 接受脸书上的新好友申请，并将其分类。 向接入客户数据库的所有人发送一份私人邮件，以便进行标记。 向新会员发送邮件索取照片，并将其加入脸书群。 在 HootSuite 上安排更新社交媒体。 **每周任务：** 打电话给那些停止接受电邮的人，索取对方的新邮箱。 确保电脑数据已经备份，所有文件保存在不止一处。 上传新照片至博客。 在模板中下载新会员的照片，将文档上传至 Dropbox。 在其他相关的 YouTube 频道中发布评论。 **季度任务：** 转录 YouTube 上的新视频，并将转录后的文件上传。 根据网站信息，创建联络信息数据列表。 **持续性/重复性任务：** 清空旧数据库：过滤邮件、退订者信息等。 为所有的 YouTube 视频制作播放列表。 跟进无法发送的邮件：打电话索取新邮箱，在数据库中更新信息。 在线搜索：采购礼品、搜索饭店等。

最佳实践 | 汤姆·李贝尔特
在线服务提供商　Libelty SEO

汤姆·李贝尔特（Tom Libelt）出生于波兰，大部分的童年时光是在芝加哥和纽约的波兰社区中度过的。汤姆创业很早，16岁时就与别人合开了一家服装/唱片店。虽然没有掘到什么金子，但他创业的劲头却着实被激发了出来。

随着建立 AdSense 网站，他踏入了电商的行列。在企业正常运转前，他只花了几周的时间就弄清了网站设计的基本知识。从那时起，真正的工作开始了。

很快，汤姆就发现，为了能让这样一家公司正常运转，自己被一大堆必要的工作缠上身。在搜索关键词、反向链接、就火车模型和圣诞礼物这类随机话题写上 500 字的过程中，汤姆好像推上一个永远也停不下来的磨。他的日程安排已经严重威胁到他清醒的理智，让他开始憎恨工作。因为无法再以如此快速的脚步前行，他意识到 Libelty SEO 需要帮助。

为何选择虚拟员工？

在为自己公司的工作效率问题寻找解决方案时，汤姆想到了一个商务论坛，上面有关于外包和利用虚拟员工的详细信息。其中一个与会者大肆赞扬了自己在菲律宾的员工——他们工作能力超强，并介绍了在自己拥有充裕时间的同时，助理们是如何为他打造商业帝国的。这引起了汤姆的兴趣。他意识到，如果自己能重新赢回部分时间，就能对企业的运转方式产生巨大影响。

汤姆的障碍

一开始，汤姆对该给虚拟员工发放多少薪酬毫无概念。尽管他狠狠压低了薪酬，但让人吃惊的是，汤姆还是吸引到一些人的注意。

其实，他最初聘请的几个人工作质量令人堪忧，但汤姆实在太过疲惫、精疲力竭，所以只要有人——随便谁都可以——有兴趣与他合作，他就已经很高兴了。他觉得自己总能回头再修改、润色他们的工作。

新公司成立的头三个月，汤姆聘请了三个人，并很快意识到，如果企业主不够小心，外包实际上会增加自己的工作量。除管理外，汤姆还要修改并发布虚拟员工完成的所有工作。这时，第二个障碍浮出了水面，那就是营业额。

在开始与汤姆合作并制作内容后，不出几周，一位助理开始拖拖拉拉，甚至完全擅离职守。这种模式令人沮丧，而且为更换虚拟员工所付出的努力也极为耗时。

汤姆最初的计划大致是这样的：

● 汤姆提供需要撰写的话题。

● 虚拟员工就这一话题写好文章，交给汤姆。

● 汤姆在网站发布该内容。

事实上却变成了：

● 汤姆提供需要撰写的话题。

● 虚拟员工只挑了几个话题写了点东西，然后连续几天玩失踪。

- 汤姆花大量时间编辑虚拟员工完成的工作。
- 在预定日期后很久，汤姆才在网站上发布了这些内容。

在经历三年，聘请了无数糟糕的雇员之后，汤姆终于找到一支能让他信赖的团队。这些经历也帮助汤姆创办了两家公司：一家搜索引擎公司和一家出版公司。现在，他和自己能依靠的虚拟员工一起经营着这些公司。

汤姆的最佳实践

汤姆在虚拟人力资源上自然没少吃苦头。下面是他的一些经验总结：

- 糟糕的雇员是学习过程中的一部分。你不可能每次在面试时都能分辨出哪些是糟糕的员工。所以，不必自责不已。有些人会过分吹嘘自己的学历，这可能会影响你的决定。在聘请之前要确保这个人拥有的各项技能和价值正是你所需要的。

- 利用最好的虚拟员工来协助你进行面试。确定优秀人选的最好办法就是先让你的一个明星雇员或与求职者来自同一国家的虚拟员工通过电话核实求职者的确具备相应的才干。这并不意味着，你就能自动聘用虚拟员工喜欢或提到的那个人，但此举能增加你聘请到优秀新员工的几率。如果你通过招聘网站进行招聘，你还能从其他企业主那里核实他们对这个人的反馈。

- 保持简单清晰的交流。外包时，清晰十分关键。你对虚拟员工的希望和目标必须容易理解和衡量。这让你能公正地衡量他的工作表现。一旦设立了可衡量的目标与期望，就要经常去了解虚拟员工的进展。汤姆每月都会通过 Skype 召开会议，每年会对员工的表现进行评估。而评估时，他会决定是否要为他们加薪。

汤姆使用的工具

下面是汤姆在与虚拟员工一同工作时最常使用的几种工具：

● Basecamp（Basecamp. com）：在多个团队交叉完成多个项目时，该工具能让你始终了解并掌控项目动态。

● Skype（Skype. com）：与你的全球雇员面对面交流的最佳工具。汤姆最喜欢其中的屏幕共享功能。

● Jing（Techsmith. com/Jing）：一款能实现同步屏幕截图以及录音、录像的在线软件。它能让你的指示及目标变得简单明了，深受虚拟培训师喜爱。

为了将事业带入下一阶段，汤姆必须掌握一定的学习曲线。而他发现，个别糟糕的雇员最终不过是这条曲线中的一段。汤姆将利用谷歌进行区域研究与利用现有员工寻找新的团队成员这两者结合了起来。现在，他能完全在虚拟员工的帮助下，有效经营自己的公司了。

十大必备面试问题

根据我与上千位虚拟员工合作的经验，人们对虚拟员工需求的增加会引发成本上涨，也会带来机会主义者。也就是说，有些人并非真正拥有你在寻找的技能，却觉得自己可以在工作过程中掌握这些技能。遗憾的是，只要需求增加，不论哪个领域都会出现这种现象——不过你不必因此而打退堂鼓，还是存在很多优秀的助理。按照下面的面试步骤，想要联系上这么一位优秀的员工，并揪出所有骗子并不是什么难事。

在我往下讲之前，你需要记住一个有关面试的诀窍：面试的过程始于最初的互动，并一直持续到雇佣关系开始。从电邮往来，到通过寒暄建立起的密切联系，每次互动都应被视作面试的一部分。所有的互动叠加在一起，就能拼出这个将影响你及企业的雇员的轮廓，告诉我们他是哪种类型的人。

即便你觉得自己找到了该岗位的最佳人选，合作过程中也还是得时不时问自己一个问题：这个人还适合这个岗位吗？公司的发展速度时常会超越个人，甚至是其创办者的成长脚步。所以你一定要明白这一点。

成功的电商瑞恩·李（Ryan Lee）麾下有许多虚拟员工，这些人都是他自己招聘来协助其发展虚拟业务的。（他的办公室就在当地的星巴克！）他意识到，雇员与雇主存在很大的不同。在聘请虚拟员工时，他从整个虚拟管理过程之初就已经开始密切留意面试了。

要谨记，这是一个双向的过程。虚拟员工也在不断判断你是不是他们想要继续合作的人。这一点你也要铭记于心。

好雇员的三大素质

我认为，一个好雇员必须具备如下素质：

（1）技能：首先，他必须身怀你正在寻找的技能。

（2）发展潜力：他必须能证明，自己会不断拓展已有技能。这就意味着，有望成为你虚拟员工的人必须能证明，自己在过去一年中参加过某种培训，不论是由其雇主提供的，还是他自己寻找的（作为雇主，我真心觉得这些内容很重要）。

（3）个性：他的性格必须与你的性格及公司的整体氛围相容。招进来一个虽有才干，但其交流方式无法被你和其他员工接受的人，实在不是什么幸事。

如果无法做到这三点，你那张财务盈利的大饼就会被人咬掉一大口。

那么，怎样才能衡量他是否具备了这些素质呢？这个问题问得好。我的答案就是，向那些有可能成为虚拟员工的人问一些你自己准备好的具体问题。

面试经典问题

下面是我一直用来确保自己能招到优秀员工所问的 10 个问题。要是你也能向求职者提出同样的问题，那就是明智之举了。

（1）你为什么要离职——或者，你为什么想离职？这个问题能让你知道，如果有一天他要离开你的公司，背后的原因可能会是什么。

（2）你喜欢上一份工作中的哪些方面？通过这个问题，你能了解到如何才能让他以最佳状态工作，什么最能激发他的动力。

（3）对于我和我的公司，你了解多少？如果你已经告诉他们自己公司的网站和名称，这就是一个看看他们有没有做足功课的好机会。如果你并没有告诉，也许他们会在谷歌上搜索并找到你的信息。这样的品质很不错。

（4）你掌握了什么技能，能让你成为该岗位最合适的人选？

对照岗位说明书中的要点，看看他能否给出一些具体的评论，来体现自己掌握了相关的知识。

（5）除了岗位说明中标明的技能外，你是否拥有其他能对我和我的公司有用的技能？你的虚拟员工也许还拥有一些能增强该岗位作用的其他技能。虽然这种情况并不一定会像我们期待的那样经常出现，然而一旦真的出现了，我们显然就赚到了。

（6）谈谈你自己。工作之余你喜欢做什么？这个问题纯粹是为了拉近你们之间的距离。虚拟员工将自己的老板——现在，这个人就是你——视作一种权威，但他们也希望你能给予他们尊严。他们的回答也有助于你了解其个性。

（7）过去一年中你是如何提升自己的技能的？又回到业务上了！他们必须在过去一年内接受过某种形式的培训。我建议你最好再问得深入一些，看看他们是在何时何地接受的培训。

（8）如果得到了这份工作，你希望能干多久？对虚拟员工来说，虚拟工作的方式时断时续，所以要是能在其工作表现的基础上给予他们安全感，就马上能为你换来他们的忠心。我通常会告诉自己聘用的人："要是你工作表现良好，那么，公司一天不倒闭，就一天不会解雇你。"我是真心的。唤起员工间的忠诚感大有裨益——这能激发出他们的最佳表现。

（9）要是我今天录用了你，你怎样让自己成为对公司有价值的人？这是一个开放式的问题。你可能会觉得它好像重复了前面的问题，但我把它当成给求职者的一次机会，让他们能综合整理上述信息，把自己推销给我。所以，你只需稳坐钓鱼台，看他们的反应就好了。

（10）你期望的薪酬是多少？绝对有必要在电话的最后将薪酬问题摆上台面。你要弄清楚自己是否请得起他。如果你的预算与他的心理价位较为接近，就可以开始协商了。

尽管很多虚拟老板喜欢利用电邮或通过其他类型的在线门户，如招聘网站等，将这些问题发送给应聘者，但我还是建议你们亲自进行面试。

既然有了像 Skype 和谷歌视频群聊这类网络及软件，如果你在做出如此重要的商业决定时，还不进行面对面的（虚拟）交流，那我觉得你一定是秀逗了。

一旦做出决定，准备好要聘用某位求职者，就要花时间浏览一下他的工作经历。如果可能的话，再与一两位他的前雇主谈一谈。

合同与保密协议

下面这则简短的免责声明是我在处理机密信息、将合同和保密协议等落到实处时常用的："请记住，我不是你所在城市、州或国家的律师。而且，我根本就不是位律师！如果你心存疑虑，那就向当地专家请教一下这些问题。"

下面的信息来源于我的个人经历及反馈。我的顾客以及其他曾与我合作并仍在继续合作的虚拟员工为我提供了这些反馈。

虽然万事皆有不同，但对概述岗位说明和薪酬来说，有份合同总是好的。如果你并不打算将触手伸到海外，并想与国内虚拟员工合作，你的合同显然就必须更加无懈可击。虽然你们因意见不合而需采取法律行动的情况极不可能发生，但如果真走到那一步，而与你合作的又是海外虚拟员工，你们签订的合同在法庭上是站不住脚的。

真正能保护你自己，避免产生泄密问题的秘诀就在于，当与虚拟员工合作时，尤其是刚建立起合作关系的初期，要把你的常识和判断力用起来。

我经常向一些刚入行的人们提出下列建议：

● 考虑使用 LastPass（LastPass. com）等密码保护工具。

● 千万不要将网上银行或信用卡信息透露给别人。

● 如果你希望由虚拟员工来处理贝宝（PayPal）支付或类似任务，创建一个独立的账户，将资金转账到第二张卡中供虚拟员工使用。

● 确保经常备份所有的客户关系管理（CRM）内容或包含客户信息的数据库。当然，你也可以让虚拟员工来完成这项工作。

保密协议虽然并不值钱，不过，就像虚拟员工的工作合同一样，它们也有存在的意义，因为它们能设立基本规范与期望，明确雇员能在工作之外谈论或不能谈论的内容。

保密协议起的是安全毯①的作用，它通常要比合同短——虚拟员工很有可能从头到尾读完了这份协议。同时我也觉得，"保密协议"这个术语听起来会比简单的"合同"更有威慑力。因此，团队成员会更留心并遵守协议的内容。

在这个话题即将结束之际，我想提醒你，在保密问题上，你

① 带给人安全感的熟悉的物体。

应对虚拟员工及本地雇员一视同仁。心怀不轨的人的确存在，但只要你留意自己的直觉，就不会有问题了。我的直觉很少让我失望。

一旦准备好这些步骤，你就随时可以与新的虚拟员工一同工作。有一个话题我们必须加以讨论，这样才能确保你不会犯一个很多大企业家都曾因此马失前蹄的大错误：培训——或者说是，缺乏培训。

VIRTUAL FREEDOM

第二章

在云端培训虚拟员工

2007 年，蒂姆·菲利斯（Tim Ferriss）发布了新书《每周工作四小时》（*The 4-Hour Workweek：Escape 9 − 5，Live Anywhere，and Join the New Rich*）。一夜之间，整个企业界掀起一场追逐虚拟员工的狂潮。

当时，很多人，包括我在内，已经在小规模地聘用虚拟员工，但蒂姆的书将虚拟工作的世界推到企业生态系统的聚光灯下，引发了潮水般的需求。蒂姆，谢谢你！

当时，我正忙着创立自己的客服中心，与中小型企业协商有关实施新虚拟员工项目的事宜或是将现有项目进行扩张。所以，当蒂姆的书跃居《纽约时报》畅销书榜首时，我就准备好了迎接那股浪潮的洗礼。

来自各类企业主与企业家的咨询快将我的公司淹没了。他们认为这是小企业界中的新型妙招，全都对此跃跃欲试。可他们很快就发现，这场游戏远不止聘请一位虚拟员工这么简单。

我们会将实现个人自由中的培训部分分解成如下话题加以探讨：

- 培训中你首先要做对三件重要的事；
- 怎样才能真正了解虚拟员工；

- 云端培训三合一套餐；
- 教会虚拟员工简化流程；
- 培养虚拟员工承担挑战性任务；
- 虚拟成功等式以及它对你全面成功的意义。

本章介绍了有关虚拟员工培训的战略与战术。我会尽全力使这部分内容更简明易懂，因为多数人会在这个问题上出错。只要你记住，对你和你的虚拟员工来说，这都是一个学习的过程——一个需要不断进步与试验的过程——你就能做好。

你首先要做对三件重要的事

没有人告诉过你这个秘密：与虚拟员工共事时，第一个需要接受培训的人是你。没错。就是你。挑起重担的人是你，拥有洞察力的人是你，与超人情结作战的也是你。

我觉得，现今虚拟员工培训中最大也是最令人吃惊的问题并不是培训不当或培训过度，而是完全缺乏培训。有太多的人认为，虚拟员工"从包装盒里拿出来"就能用。可他们是人，不是软件。

没有什么神奇药丸能解决这个问题。要想让事情运转起来，我们需要依靠一些优质的老式数字"体力活"。先让我们来讨论一下能让你走上正轨的三项要素，前两项已经在之前进行过一些讨论了。

确定岗位职责

你必须在培训虚拟员工前，先确定岗位职责。

在为岗位而非任务招聘员工这一点上，Small Business Trends 的首席执行官兼发行人安妮塔·坎贝尔（Anita Campbell）很能理解我的感受。她坚信，应将任务分组，并根据虚拟员工的职能专长进行分配。换句话说，搜索引擎优化的任务应分配给那些专注于提供搜索引擎优化的虚拟员工。

因此，先问问自己几个问题，例如：

- 虚拟员工需要承担的核心责任是什么？
- 他需要拥有什么样的技能或品质来承担这些责任？
- 如何评判他是否满足岗位需求？

考虑一下团队中还有什么人需要与其合作也很有帮助，之后你就能为他挑选一位好搭档了。

就算你刚刚开始与综合助理合作，这项练习也将有助于你明确自己的需求，而这种需求是决策过程背后的首要推动力。回头看看我们在上一章列出的自由三清单。这是一个很好的工具，能帮你明确需要设立的岗位类型。

设定预期目标

在你和虚拟员工间设定预期目标是成功的虚拟人力资源安置的基石。但你要记住，这是一个双向的过程。虚拟员工也指望着你能遵守你们之间的约定。

下面是你需要考虑的一些问题：

● 何时支付工资：每周、每两周、每月还是项目完结时？我们会在第三章更细致地讨论这一问题。

● 你准备支付的工资水平如何？

● 如何跟踪进度？

● 利用电邮沟通时，你期望虚拟员工多快能回复你的邮件？

● 如果他的工作表现无法达到要求，你打算怎么办？

培训员工，而不是做出盲目假设

如果你在用计算器时不小心把 2 按成 5，你会冲计算器发飙吗？当然不会，至少我希望你不会。在你与虚拟员工的沟通过程中，这条原则同样适用。作为一个领导，你可能会犯的一个最大错误就是，盲目假定员工知道你想说什么，或是你应该会说什么。

因此，成功利用虚拟员工力量首要原则就是，永远都不要做出盲目假设，永远。这并不是说，虚拟员工不具备常识和判断力，或没有能力将点点滴滴串联起来。我的意思是，你的表述必须简明。不要指望他们会读心术，或是会做一些与你的要求不符的事。

首批来向我咨询虚拟员工业务的客户中，有一位客户拥有一家中型企业，他一直找不到合适的雇员。他已经解雇了前两个通过在线招聘找到的综合助理，并正打算让现在这位卷铺盖走人，所以他来向我寻求帮助。

我的这位新客户——让我们暂且称他为 X 先生——让综合助理来完成下列任务：

● 在 X 先生提供了竞争对手的网站和行业搜索词之后，在线调研竞争产品。

● 在 X 先生提供了一张限额 500 美元的维萨卡后，完成小额购买任务，如从亚马逊等处购买 RF 图片①和图书等。对信用卡进行限额可以避免超支。

● 通过电邮与客户协商午餐会议的时间，并更新 X 先生的日程安排。

● 在 X 先生提供了一张定期更新状态及上传图像的电子列表后，塑造 X 先生的网络形象。

这给我留下了深刻印象。显然，X 先生是为了某个特定岗位在招聘员工，而不是找一个人来处理一大堆毫不相干的事情。所有这些任务都能划到综合助理的职责范围之内。到目前为止，一切都很顺利。

"看起来，你仔细考虑了所有的事情。"我说，"你需要我怎样帮助你呢？"

最初，我以为他会说，他的虚拟员工更改了密码，或是黑了他的在线商业账户——可一样也没猜中。

"他好像根本就没什么常识！"他说。

X 先生有了一个新的恋爱对象，而她的生日就快到了。前一周在逛商场时，她看上一个钱包。X 先生想买给她，可又没时间开车回那家商场。不过，他记得那个牌子，而且觉得这项工作交

---

① 定义为 RF 模式的图片，用户取得的使用授权具有非排他性的特征。用户购买使用授权后，图片使用不受次数、时间、空间、用途的限制。

给自己的综合助理再合适不过了。可事实上却出了岔子。

X先生给我看了虚拟员工的回复。他在一封电邮中附上一张电子表格，列出了30多个链接，全是那个牌子不同款式的钱包。

"有什么不对吗？"我问。

"克里斯，商品的图片和价格呢？只有30多个链接，我得一个一个点去看款式和价格。我可没时间干这些。他怎么一点常识都没有呢？"

"那你的常识有没有告诉你，要让他在表格里附上图片和价格呢？"我回答说。

一阵沉默——然后，X先生轻声回答，"没有。"

他吸取了教训。X先生没有开除那位虚拟员工，并找到了那个他想买的钱包的链接。我敢打包票，他的女朋友最后一定很高兴！

至于我，谢天谢地，他并没有只把我叫过去谈他的钱包和常识。我们最后制定了一份计划，用以发展X先生公司的虚拟员工，这样就能缓解许多最耗时的任务所带来的压力。

还有两个假设也经常反复出现：

● 如果虚拟员工不知道该怎样完成一项任务，就会马上寻求帮助。在所有行业中，多数虚拟员工宁可自己试图去试解决办法，也不会说"我不知道该怎么做"或"我需要帮助"。在他们看来，提出这些问题就意味着他们让你失望了。所以，应该不断让虚拟员工知道，你欢迎他们就任何没在培训中提及的内容进行提问，这一点很重要。

● 虚拟员工明白你说的"在合理的时间内"指的是多久。下面这项指示很典型，许多虚拟员工都曾听到这样的话："请……但不要花太多时间。尽全力去做，不行的话就算了。"太多时间是多久？一个小时？四个小时？还是一整天？

相反，你应该说："请……但不要在这上面花超过两个小时。如果两小时后还不能完成，就告诉我，我们可以谈一谈。"

这样，你就能设定一个时限，来检查任务的进展状况——这也是对虚拟员工的一次挑战。还记得吗，他们不想让你失望。一旦你给他们定下了时限，通常会发现，他们能在规定时间内完成任务。如果他们依旧请你再多给一些时间，有可能是因为他们真的需要一些时间才能完成。

最佳实践 | 特里斯坦·金
不受地域限制的独立企业家　Shopify Ninjias

特里斯坦·金（Tristan King）喜欢全球旅行，并学习各国语言——他已经掌握了五门外语，但他可能会说自己的最大爱好是从商。在这之前，他是一家公司的顾问，一直在职场上不断向上攀登，但他期待攀上的高峰却无法唤起他的激情。在对这份工作灰心失望之后，他创办了 Shopify Ninjias。ShopifyNinjias.com 的总部位于澳大利亚的墨尔本，专注于提供能帮助其他企业主创立公司、开展定制、经营在线商店的网络服务。

短短一段时间之后，他的业务就繁忙起来——特里斯坦几乎快被大量的询问所淹没，完全顾不上自己的问题了。很快，他就意识到，自己需要从一个自由职业者转变成一个小团队的领导。可上哪儿去找人手呢？

为何选择虚拟员工？

创业之初，特里斯坦怀揣着两个目标：他希望能以友好、个人的方式对待自己的客户，并且不被办公地点所束缚。他丝毫不觉得，拥有办公场所就能确保客户服务的质量，因此他几乎想都没想就选择了聘用虚拟员工。

特里斯坦获得了专业的协作，而且开销比聘请当地雇员小得多——他的职员也有机会学到成功拓展业务的新技能。由于聘请了一位海外雇员，特里斯坦的公司还能提供全天候的服务。因为时区不同，特里斯坦及其员工的作息时间正好互补，Shopify Ninjias 可以一天 24 小时营业。

在决定将业务外包之后，特里斯坦轻而易举地就证明了自己的选择没有错。他去南非旅行了三个月，最近才回来。他发现，旅行期间，他能像待在家里一样高效地经营公司。正是因为没有一屋子的员工需要管理，他才能享受这种自由。由于花在技术活上的时间少了，留给开拓性工作的时间自然就多了，尤其是销售和客户群开发方面的工作，因此，他能更加关注企业发展。

特里斯坦无疑从聘请虚拟员工中受益，同时，他意识到自己的系统也能使整个团队受益。最近，他在 lynda.com 上申请了一个账户，为自己的虚拟员工提供虚拟课程，就文字处理、Power-Point 及搜索引擎优化等领域的技能进行培训。特里斯坦觉得，因为自己提供了一个能使虚拟员工不断发展、茁壮成长的环境，开发人员的职业生涯的确发生了变化。

特里斯坦的障碍

与多数在网上寻找虚拟员工的企业家一样，一开始，特里斯坦在寻找适合自己公司的雇员的过程中也是磕磕碰碰。在澳大利亚当地网站发布了招聘广告后，他收到了很多简历，可符合条件的寥寥无几。

幸运的是，在由肖恩·奥格尔（Sean Ogle）创办的自由企业家发展项目"突破地理界限"（Location Rebel. com）的帮助下，特里斯坦学会了如何选择广告投放地，以及在确定雇员人选时如何更好地进行筛选，而不是轻易把新人招进来。

特里斯坦的最佳实践

● 保持经常性的交流。特里斯坦有一位员工在瑞典，还有一位在美国，他必须与他们保持经常性的交流。他们经常互发邮件、用 Skype 聊天，以确保大家能同步了解任务及新项目的最近状况。不论在何种工作环境下，交流都很重要。当你的员工遍布世界各地时，这一点显得尤为关键。

● 承担起责任。为了能顺利形成虚拟合作关系，特里斯坦建议你为自己所犯的错误承担起责任。他发现，一旦项目最终出现失误，罪魁祸首通常都是自己，因为他没有给出简明的任务描述。他建议大家将任务写清楚，利用截屏和模型来下达指令，要求员工给予经常性的反馈，并请团队成员理解自己。为员工的努力担起责任能折射出你的领导能力，使你成为一位易于相处的老板及团队领导。

特里斯坦使用的工具

下面是特里斯坦在与虚拟员工一同工作时最常使用的三种工具：

● FreshBooks（FreshBooks. com）：当你需要向客户收取费

用或制定项目预算时，这个工具在记录时间和开具发票方面都表现不俗。

- Trello（Trello.com）：能提供项目管理和文档存储功能，同时可以让你追踪状态、接受交付的物件。最棒的一点是，它是免费的！
- Skype（Skype.com）：可以用来进行面试、联络感情、接收语音邮件。

特里斯坦极为关注客户服务，并意识到十有八九自己要为项目的失误承担起责任。这些都能帮助他围绕着客户来发展公司，并将重心放在不断改善客户服务上。

特里斯坦正在享受一种企业家的生活方式，让他能将自己待在某地的时长限制在项目启动与结束之间。特里斯坦依旧成功地经营着一个充满活力、快速前进的公司。这家公司真正坚持了自己的工作重心：帮助小企业建设最好的网站。

了解你的虚拟员工

在虚拟员工培训这个问题上，我们能不能这么做：不要太难——事实上，也不应该太难——但必须好好策划。也就是说，你要好好考虑那些希望由虚拟员工来完成的各项任务，并与他们进行沟通，说明你希望他们如何完成这些任务。

请注意，就任务及项目和员工进行沟通（最好通过文字、视频或录音的方式进行，后面我们会做更多讲解）与给予他们反馈是不同的。我常建议你们在口头上给出反馈——例如，通过 Skype 等服务来反馈信息。这是为了确保在翻译过程中没有任何信息遗失。而且，借助语调，你能更容易地传达某些要点。

在开始真正的培训之前，你需要进一步了解自己的员工。因为你们之间隔了千山万水，你无法每天在办公室中见到他们，听到他们之间的交谈，看到他们对某些情况做出的反应。是时候编制一份"让我了解你"的调查问卷了。

问卷可以包括下列简单问题，以及任何你想从新员工身上了解的事情：

- 你们国家有哪些重要的公共节日？
- 你打算怎样度周末？
- 你最喜欢的电影、音乐和食物是什么？
- 你会不会觉得自己在某些时段工作效率最高？
- 如果每周通过 Skype 等服务沟通一次，放在哪一天最好？
- 你希望以怎样的方式与我进行每日交流？
- 你如何帮助我发展公司？

你会发现，我把私人问题和与业务相关的问题混杂在了一起。这是因为，你要明确表示，尽管你对他们个人很感兴趣，但这仍是一种业务关系。

这么做也给了虚拟员工进一步了解你的机会——你的动机是什么，你觉得在他们的参与下公司会如何发展——所以，要花一点时间来完成这项工作。

云端培训三合一套餐

一想到新员工，尤其是虚拟员工的培训，许多企业主就会忧心忡忡。我现在告诉你，这一点都不痛苦，完全没必要为之头疼。

所谓的虚拟员工培训三合一套餐指的是：三种传播信息的简明、清晰的方式。如此一来，你的虚拟员工就能快速、有效地学有所成。

虚拟员工培训三合一套餐

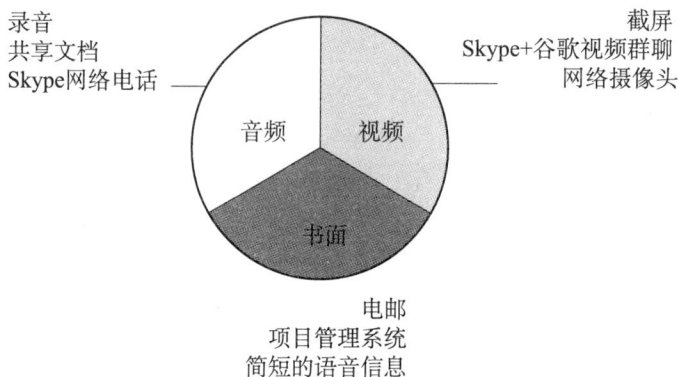

录音
共享文档
Skype网络电话

截屏
Skype+谷歌视频群聊
网络摄像头

音频　视频

书面

电邮
项目管理系统
简短的语音信息

书面说明

电邮并未消亡。它依旧是一个很棒的工具，除了继续作为文件传输和项目管理工具（我们会在下一章介绍）之外，还可能成为你与虚拟员工间进行沟通的首要工具。因此，从最佳利益出发，你应学会如何写出简明、清晰的说明。

一些最佳实践包括：

● 大量使用要点句式。

- 将重要信件保存在单独的文件夹中。
- 如果可能，为每封电邮设定一个清晰的总体目标。
- 通过截屏、链接和附件等方式，给出你想实现的内容的范例。

下面的例子发生在我位于菲律宾宿雾岛的第一个联合工作中心开张之前。它展示了我如何通过一封简单的电邮促成由虚拟员工负责某一项目。

米歇尔：

你好。谢谢你成功完成了上一项任务。你表现得很出色！

现在，我想让你帮我实现我们的新目标，即核对亚洲联合工作中心的信息，因为我打算在不久的将来也在那里开办一家中心。

为了实现这一点，我需要你完成下列任务：

任务 1：

综合调研南亚联合工作中心的情况，将它们以电子表格的形式列出来。请列明公司名称、所在国家和城市及其网站。我希望至少能列出十家不同的公司。

任务 2：

将研究范围缩小到菲律宾。我觉得也许找不到很多，不过请将能找到的都列在一份单独的 Word 文档中，所含的信息与上面相同。此外还需附上下列信息：

- 推特账号及其粉丝数量；
- 脸书链接（如果有的话）；
- 如果找得到（可以试试领英），企业主姓名及其推特账号。

任务 3：

我希望你还能编辑一张清单，列出你能在 YouTube 上找到的，与亚洲联合工作中心相关的优秀视频。这样，我就能看到它们的外观、布局，以及它们做了哪些与众不同的事来使客户感觉舒适等。

请在下周二下班前完成。如果有问题，请联系我。

谢谢，我期待能看到这些。

祝好。

克里斯

可登录 VirtualFreedom-Book. com/Reader 下载我个人的书面任务模板。这样你就能制定像上面这样清晰的书面任务了。

你看到了，因为这位助理完成了最近的任务，我在清楚列出需要她完成的不同任务并设定截止日期前，表达了感谢。

音频

如果写作不是你的强项，那么音频培训就是最好的选择。用智能手机或利用 Audacity 和 Garage-Band 在电脑上进行录音就可以了。录音时，要表现得就像你们正在面对面谈话一样。记住，一段音频只关注一个话题。

一些最佳实践包括：

● 确保清晰、简洁，不要离题万里。我知道，作为企业家，我们有时会迷恋自己的声音——不过我想你不会的，对吧？

● 就不同培训主题创建独立的音频。通过截屏、链接和附件等，给出你想实现的内容的范例。录制一段 20～40 分钟的音频，就不同任务和项目向一位虚拟员工做出说明是很不公平的。根据话题的不同，将这些说明保存在 Dropbox 的不同文件夹里，这样日后就能很容易地找到。

● 为每段音频拟一个标题，清楚概括出音频的目标，这样你和虚拟员工都能很容易地找到。

● 养成保存的习惯。这些音频可以反复使用，并用来培训今后新招的员工。

● 不要忘了像 Skype 这类网络聊天平台——它们是很赞的实时音频培训工具。

视频

在培训新员工时，我个人最喜欢视频这种形式。一个好消息就是你有很多选择。首先，你能让自己出现在视频里。这样，虚拟员工就能看到你的本人，并能感受到你是如何强调某些指示的。这也是建立亲和感的一种有力方式。

其次，你也可以选择视频截图。这是到目前为止我最喜欢的方式。我用视频截图出色地实现了自己的目标。我把它推荐给了一些企业主，他们的使用效果也不错。理由如下：

● 音频与视频结合之后，就不容易造成困惑。

● 你可以按照自己的时间进行培训，而不需要找一个大家都有空的时段。

● 每拍摄一段新视频，你就为大量的培训资料增添了新素材，为日后聘请的新员工提供了学习和参考的资料。如果你的培训集中在一些公司需要经常完成的重复性任务上，这么做就显得尤为重要。

● 这些视频很有趣,而且很容易制作!

我推荐给 PC 用户的两个平台是 Camtasia(Techsmith. com/Camtasia)和 Jing(Techsmith. com/Jing)。如果你像我一样,用的是苹果电脑,你也能使用 Jing。不过,ScreenFlow(Telestream. net/ScreenFlow)的功能更强大一些。我喜欢 ScreenFlow 的一点就是,在视频截图时,还能通过网络摄像头把自己录到视频里。因此,虚拟员工实际上能在培训时看见我的脸。

最后,利用网络摄像头进行现场培训也是开展培训、营造亲和力的好办法。如果你想用这种方式培训的虚拟员工不止一个,也可以使用谷歌视频群聊。这样就能看到每个人,而且大家都能发言。

还有很多方式可选,所以四下里看看,找找你觉得用起来最顺手的方式。但在开始制作视频前,我建议你先上 YouTube,看看是不是已经有人上传了类似视频。在员工培训时,我自己就经常使用 YouTube,所以我建议你也可以这么做。从第一次建立 WordPress 博客到准备高质量的幻灯片演示,YouTube 上的内容包罗万象。你会爱上它的!

最佳实践 凯尔·齐默尔曼,
时尚摄影师转型成工作室老板 凯尔·齐默尔曼摄影公司

1985 年,凯尔·齐默尔曼(Kyle Zimmerman)——当时是一位激进的摇滚乐手,一头染成橙色的头发梳着莫霍克发型①,

———————

① 男性的流行发型,将两侧剃得超短,在头顶中间留下一窄条头发,再将这些头发向上梳起。

身穿一件黑色破洞皮夹克——开始替美国一些顶级时尚机构拍摄硬核摇滚①乐队及一些前途无量的模特。

在时尚圈中当一名摄影师自然有它的好处，例如，能去意大利、西班牙和希腊待上一段时间。但凯尔厌倦了自己的作品被编辑和其他时尚杂志工作人员说得一无是处的日子。

让我们快进到 1999 年：凯尔从旧金山搬到新墨西哥州阿尔伯克基的诺布山附近，开了一家摄影工作室，主营业务是拍摄家庭照。她用的品牌广告语很简单，"生活即艺术"。工作室很快就在当地排名前三。

凯尔花了很多年来建设团队，然而到了 2008 年，生意变得很艰难。她只得遣散团队成员，只留下一个人——她最重要的摄影助理。之后，别人给了她德马科（MJ DeMarco）撰写的《百万富翁的快车道》（*The Millionaire Fastlane*）一书。这本书深深震撼了她。她不再为自己感到悲哀，并重新投入工作。

为何选择虚拟员工？

到了 2010 年，生意仍旧不好做。凯尔打算不再拘泥于工作室的围墙，而是转向外界，寻找能帮助她继续经营公司、重振工作室的人。

现在的情况已经很明显，如果完全依赖拍摄艺术照的收入，她永远也无法实现自己的目标。凯尔想继续专注于提供高质量的服务，同时尝试其他选择。

---

①　特指 20 世纪 70 年代末到 80 年代这一时期的某些朋克乐队的风格。它把朋克摇滚进一步引向极端——更快、更噪、更僵硬的演奏，喊叫式的演唱，邋遢肮脏的录音效果。

凯尔意识到，她需要为工作室找几个帮手，这样就能将自己从日常工作中抽身出来。她每天都在用 Photoshop 修图，这工作最为耗时。一旦客户确定了要冲洗哪一幅图片或是选定了其电子版，她就要开始清除尘斑、调整色阶、修正色彩、去除污点。

因此，凯尔登录了招聘网站 Elance.com。在那里，她开始了解到虚拟员工也许能帮她完成的各种任务类型。很快，她就开始全面搜寻那些能为她完成部分拍摄后期工作的虚拟员工。

她找到很多有经验的人，并聘请两位虚拟员工来负责图片编辑。仅仅一周左右，她的工作量就开始大幅下降。

凯尔的障碍

尽管虚拟员工为凯尔省下了时间，但她还是遇到一些问题。因为有些虚拟员工润色或修色过度，让她的照片看起来有点奇怪或很不自然。

她又聘请了一位虚拟员工。几个月来，她一直以任务为基础向他指派工作——可他却不断在提价。因此，凯尔决定结束与他的合作，继续寻找其他人选。

这是与自由职业者共事时经常会遇到的问题之一：这些人知道你喜欢他们，于是其中一些人就会开始利用这一点。

凯尔对这一过程充满了信心，并继续招聘员工，试图学习如何建立最佳合作关系，并创造与虚拟员工共事的最佳经历。她试过聘请个人和隶属于某些机构的自由职业者。她花时间评估不同的方案，并比较其效果。

有一件事必须面对，那就是要认识到有些事会比她预想的更花时间。

　　她请了一位菲律宾的虚拟员工在三天内给 300 幅图片修片。这位名叫安琪的虚拟员工说自己能够完成——"没问题，老板!"但两天后，无论是通过 Skype 还是电邮，凯尔都联系不上她。交货期迫在眉睫，客户通过电邮向凯尔询问情况，但安琪依旧不知所踪。最后，凯尔只得亲自上阵。

　　两天后，安琪出现了，叮叮咚咚地往凯尔所有的收件箱里发信息："我们这里大面积断电了，根本没办法和外界联系。对不起，老板。"

　　从凯尔最初的经历中，可以学到一些重要的经验:

　　● 在与虚拟员工一同工作的过程中，规定截止日期有时并没有用。凯尔对完成任务所需的时间做出估计，并决定在此基础上放宽虚拟员工的交货期。这就意味着有些任务不适合外包，比如急件。

　　● 给员工一项训练性质的任务。如从 1 000 张照片中挑选出 100 张他认为最好的。这可以帮他们了解你的想法。凯尔在以任务为基础聘请员工时，每次都得从头开始。从那时起，她就觉得聘用一位优秀的虚拟员工，像对待在工作室的员工一样对待他，让他愉快地与自己合作，是一个更好的选择。

凯尔的最佳实践

　　为了处理自由职业者经常过度处理照片的问题，凯尔用 Camtasia 制作了一个详尽的培训视频。这款软件能让你录下自己的电脑屏幕和你的声音。这让她能开展员工培训，告诉他们自己希望他们如何完成工作。此举帮助极大。

　　尽管她经常与一些虚拟员工合作，但现在，凯尔谨慎地避免与他们过于频繁地合作。她更倾向于不固定合作人选，不断尝试新面孔。

过去几年中，她与 8 位虚拟员工开展过合作。这些人拥有不同的经验，来自不同国家，如菲律宾、英国和美国本土等。

为了不断努力，继续腾出更多时间，凯尔最近聘请了一位全职虚拟员工来帮她挑选图片。例如，拍摄 5 000 张照片，从中筛选出 100 张。聘用的另一位虚拟员工则负责为工作室的播客进行调研，创造为企业摄影的商机。

所有这些都意味着，在管理好实体工作室的同时，凯尔现在能专注于利用各种线上项目实现开源——为此，她也聘请了虚拟员工来帮忙。

凯尔使用的工具

下面是凯尔每天与虚拟员工一同工作时最常使用的三种工具：

● Skype（Skype. com）：凯尔将 Skype 当成一种即时聊天工具，这似乎是她与虚拟员工开展实时工作的最简单的方式。Skype 能在发送信息、交流想法的同时，来回传送文档和图片。

● Camtasia（Techsmith. com/Camtasia）：这是凯尔利用实体团队来培训虚拟团队的出色工具。通过 Camtasia 可以制作视频指导手册，说明应怎样修片，或在处理图像时如何进行选择，同时在文字说明中进行相应的描述。

● Dropbox（Dropbox. com）：在互联网上传送图片相当占空间。Dropbox 是一款能在全球范围内存储、共享文档的优秀软件——速度也很快！

凯尔的故事是实体店主借助虚拟员工的力量，日复一日地给自己腾出时间的绝佳例证。

但其中我最爱的一点是，尽管曾四处碰壁，但她仍旧看到了与身处远方的人一同工作的价值。她坚持了下来，最终回报颇丰。

教会虚拟员工简化流程

我们刚刚讲了如何为培训虚拟员工做好准备。现在就来讨论一些能简化流程的重要的示范做法。

确定重复性任务

任何一家公司中的所有岗位都会涉及一些必须长期进行的工作。这些工作可能每天、每周，甚至是每月需要完成一次，不过它们通常只需交由一个岗位来处理。

花时间把这些任务找出来，创建一个简单的流程并让虚拟员工照着流程走，就能避免因进行无谓的重复劳动或是将现有的系统复杂化而带来的挫败感。如果真的发生了这样的事，就让他回头看看这张流程图。

重复性的任务包括：

- 完成订单；
- 进行采购；
- 发布博文；

- 进行调研；

- 更新社交媒体状态。

请记住，为重复性工作创建的流程图不能太复杂。一个使用要点句式的简单的谷歌云盘文档或简短视频就足够了。

创建一张 IFTTT[①] 备忘单

了解自己产品与服务的优秀公司通常都会在其网站上开辟一个"常见问题"专栏，供客户或是有可能成为客户的人浏览。你还没有吗？赶紧加一个去！

但是企业内部的常见问题呢？除非有一套书面协定可以用来处理具体的问题，不然雇员们会形成自己的处理方式。

当虚拟员工遇到不会处理的问题时，就会试图找出自己的解决办法——这会增加任务处理时间，并有可能导致做出错误决定。如果他们还是无法找到解决之道，或担心做出错误选择，那么你就可能会收到一封列出一个或多个问题的电邮。如果你们身处不同时区，可能还需要几轮邮件来回，额外花上一两天时间才能解决问题。

这时，IFTTT 备忘单就能大显身手了。简单地说，IFTTT 意味着"如果发生了那件事，就需要做这件事"。这与我们之前完成的确定重复性工作的练习很类似——不过这一次，你需要确定的是可能重复出现怎样的情况。

---

① IFTTT 是"if this then that"的缩写，旨在让互联网为你服务。它能帮助人们利用各网站的开放应用程序界面，将脸书、推特等各个网站或应用连接在一起，完成任务，使"每个人都能成为不用编程的程序员"。

可以考虑如下的例子：

● 客户询问购买额外产品或服务的事宜。虚拟员工需要提出建议吗？需要请客户咨询某位工作人员吗？

● 客户发了一封邮件，满是谩骂之语，明显万分震怒。你想看这封邮件吗？还是让虚拟员工走常规的客服流程？

● 一位回头客要求在下一次购买时获得折扣，这种情况的发生率极高。你想让虚拟员工来处理价格问题吗？回头客应该得到特别优待吗？还是说虚拟员工应该按照常规价格来处理？

培养虚拟员工承担挑战性任务

你可能听到过这种说法："经验是最好的老师。"我会对这句话稍稍做些改动：新的经验是最好的老师。人体的肌肉在不断应对挑战的过程中，逐渐获得了力量。大脑也是这样——你的虚拟员工亦是如此。

我并不是说，要用他们根本无法完成的任务来破坏他们的积极性，但偶尔给他们一些挑战是有益的。我把这种方法叫做"曲线球策略"①。

下面是一些可能会出现的结果：

● 他们可能会为你带来惊喜，证明自己深藏不露的才能。

---

① throw curve balls，在棒球里是扔曲线球的意思，对方不知道该怎么接，可引申为让对方措手不及。

- 他们学会了一项新的技能，能在日后应用到公司当中。

- 他们时刻保持敏锐性。

- 你能观察到他们如何应对挑战。

假设你聘请一位虚拟员工来专门处理有关线上票务客服和聊天支持的咨询。他接受过适当的培训，知道如何应付各种情况。他展示了很强的职业道德，得到了你的尊敬和信任，但你现在想要拓展他的专业知识和技能。这就是突然扔给他一道难题的最佳时机。

想一想，哪些事他之前从未接触过，但又能将他现有的才能发挥出来。例如，

- 起草一份调查，列出他认为对新产品开发有用的问题。当然，要让他先把调查问卷交给你审核，通过之后才能发给客户。

- 将客户经常问的问题编制成表，并附上最佳答案。

- 撰写一份针对公司的个人建议，可以包括未来的产品、改善客服的方式，或是能帮助他们更好完成工作的工具或培训。

如果公司的目标是获得发展，那么所有员工都必须不断成长。要乐意经常进行额外培训，尽可能地在虚拟员工的发展中起到积极作用。这对你的业务有益，也能在虚拟员工中形成对公司的忠诚感。

我所有的员工都知道，他们不能就拿一个问题来问我。我不接受这种做法。当某个员工向我提出一个问题时，必须同时给出至少一个解决方案。这是我明确通过操作指南（新员工人手一份）与他们沟通过的事。这就使他们把面对问题视作自己岗位职责的一部分，从而促使自己找到化解之法。

一位虚拟员工提出的解决办法不一定是处理该问题的最佳方式，但我能根据自己的经验告诉你，他的想法对最终解决这个问题大有裨益。像这样突然扔给他们一些棘手的问题，能帮助你时刻留意那些展现出领导才能和批判性技能的有才干的员工。这些人日后你可以考虑将其提升到管理岗位。

至此，虚拟成功等式终得破解

现在，我希望你开始明白，利用虚拟员工不仅仅是找一些人并通过电邮将任务分配给他们，还涉及在企业中提高透明度、理解你的需求，以及开发一系列用来培训员工的独一无二的方式。

考虑到这一点，我研究出虚拟成功等式，用以驾驭虚拟员工。在将它传授给你之前，先让你看看大多数虚拟新手们给出的典型的虚拟成功等式：

企业家＋虚拟员工＝更高的生产力、更多的自由时间和金钱

这个等式的确有些道理。但它遗漏了一些重要成分。如果不提这些方面，这些企业家就会感到挫败，认为是自己选的虚拟员工出了问题。被遗漏的成分是：

● 定义清晰的需求和目标；

● 培训；

● 关注高优先级事件。

如果不把这些内容考虑进去，最终，企业家就会泄气，心想："看到了吧？还是我自己来做更好。"

真正的虚拟成功等式是这样的：

企业家＋定义清晰的需求和目标＋虚拟员工＋培训＝更高的生产力、更多时间关注高优先级事件，以及更多的金钱

让我们依次解释最初的等式所中缺少的成分：

● 定义清晰的需求和目标：如果没有一个定义清晰的需求和目标，虚拟员工只能视作企业的一项成本支出——他们会激起你心中藏着的那股从头管到脚的冲动。回头看看你的自由三清单，创建一个目标，将你从那些不该做的事情中解放出来。记住，要把时间和注意力放在其他地方。

● 培训：现在你应该能理解了，虚拟员工培训是获得这场游戏胜利的关键之一。没错，你的虚拟员工已身怀绝技，但他们无法瞬间融入你的工作流程。不经过培训，就无法实现这一点。

● 关注高优先级事件：很多人都被能拥有更多时间这种想法所吸引。但是，除非他们知道该用那些时间来做什么，否则，就算真的得到了，他们还是会将时间浪费掉。利用空余出来的时间的最好方式就是将其聚焦到高优先级事件上——可你知道哪些事情的优先级更高吗？如果你今天额外有两个小时来进行企业投资，你知道该把它用在哪些项目或任务上吗？

我的建议是把这两小时当成是另一位虚拟员工，向他下达清晰明确的目标与预期实现的进展。要一直这么做。

播客企业家约翰·李·杜马斯（John Lee Dumas）在其每日更新的播客节目 Entrepreneur on Fire 中录制了海量内容。约翰聘请了几位虚拟员工长期与他共事。这样，他就能空下时间来录制节目，推出新的表演秀。对他的听众和智多星般的学生来说，他总"在那里"。通过这种方式，他将这种创建内容的网站转化

成自己的公司。他知道时间的价值，因此会确保每一个小时都能得到充分利用。

自由之道｜帕特·弗林
电商　SmartPassiveIncome.com

你可能已经对帕特·弗林广受欢迎的网站 SmartPassiveIncome.com 或是他的博客非常熟悉了。他在播客中告诉大家一个简单的道理，即需要具备什么才能通过专营网站、联盟营销和其他数字企业来创建一个有利可图的网站。帕特是一位忠贞的丈夫，同时也是两个孩子的父亲。他已经实现了工作与生活间的平衡，实在令人羡慕：他有大量时间与家人待在一起，同时又经营着一家极为成功的企业。但帕特以前在打造商业帝国的路上并非一帆风顺。

陷入困境

帕特花了一些时间才意识到，他需要找人来帮自己经营这家新兴公司。玩转图形设计（事实上，他深谙此道），进行网站编码（这方面他就有些弱了），处理一切与创建、发展一个受人高度尊敬的品牌相关的事情，帕特每天把自己弄得精疲力竭——超人情结完全占了上风。有件事成为最终迫使他决定寻求虚拟员工帮助的导火索：他花了两个半月的时间来为一本由他撰写的受人欢迎的电子书录制有声书版本。历经艰辛后他才发现，自己并不适合当一名配音员或音效师。认识到这点之后，他就放弃了整个项目。

解决之道

在听从一个朋友的建议之后，帕特打算上 Elamce.com 找一位配音员来为自己录制这本书。那时，帕特意识到了与虚拟员工合作的可能性。显然，他无法靠自己来管理企业的方方面面，他甚至缺乏某些能让企业继续全面运转的必要技能组合。帕特在虚拟员工职介所找到了一位资深的网站设计师和一位综合助理，来帮助他将企业带入下一个阶段——事实上，他们做到了。

最终成果

尽管他很喜欢在地球另一端工作的那些虚拟员工，但后来帕特只聘用国内员工。现在，他仍在充分利用虚拟员工的力量，但这些人都生活在美国境内，就像他一样。他的团队中有兼职或只接项目的虚拟员工，以及负责处理从活动协调到音频转录等所有事项的虚拟员工。他喜欢让团队成员离自己近一些，因为他喜欢面对面的交流。他每年都会定期组织几次真正的会议让大家聚到一起。

第三章

如何确保虚拟员工完成任务

带领虚拟员工项目经过招聘和培训的阶段就像是驾驶飞机起飞——需要耗费大量的精力并关注大量的细节，一旦上行到合适的高度，并开始朝着正确的方向前进，飞机的操纵就会容易得多。一旦爬升到最佳高度，就该讨论管理问题了。

在这个领域里，细微的调整会对团队效率产生巨大的影响。在这个领域里，你也将建立起一个能不断向前发展的个性化体系。

我们将在本章讨论：

- 不同岗位虚拟员工的管理细节；

- 重复性任务与项目；

- 善用项目管理软件；

- 虚拟员工的工作报告；

- 对虚拟员工的激励措施。

人们在与虚拟员工合作的过程中常会犯错。在开展深入讨论之前，我想先谈谈最常见的错误之一。

莫要成为一只虚拟秃鹫

当企业家开始分派任务和项目给虚拟员工时，会产生一种奇怪的现象：他们会化身成一只只虚拟秃鹫。让我们看看这些绝不会放过任何风吹草动的生物的典型表现吧。

我们知道，这些虚拟秃鹫会用屏幕截图软件来监视虚拟员工的电脑显示器，以确定他们是否在工作。这种企业家的内心有种无休止的烦躁不安感。他们总在想"我自己轻轻松松就能搞定这件事，为什么非要请一个虚拟员工？"或是"真希望虚拟员工不要把事情搞砸了。"最糟糕的是，他经常打断虚拟员工的工作，询问他们是否需要帮助——即便他们并未开口求助。

一旦这种想法生了根，超人情结迟早都会发作。你就会开始告诉自己："我应该停下虚拟员工这套玩意儿，就像以前那样管理我的公司，自己解决问题。和别人比起来，我做得更好，动作也更快。就算有些事我不了解，但总能学会的，还能省下一大笔钱！而且，天知道那些虚拟员工是不是真的在做我交代的事？我最好盯紧一点儿。"

虚拟秃鹫就是这样出现的。它张开双翼，盘旋着监视整个团队的一举一动。这么做只会带来一种结果，那就是滋生不信任的情绪，最终阻碍你对自己的团队进行正确的领导。

我看到有很多人未能完成从个体企业主（完全凭借自己的力量来处理每天的所有任务）向虚拟首席执行官的转型，因为他们没能管住心里的那只虚拟秃鹫。

我并不是说，你在布置完任务之后就应该拍拍屁股走人，因为这种做法同样不可取。相反，你需要开发出一套涵盖下列内容的管理流程：

- 一个清晰的目标——模糊是你的大敌；

● 给出你想实现的效果的实例——给他们一个样本就像是定下了一个目标；

● 在这一过程中设立基准目标和监测点能帮助你观察虚拟员工是否取得了进展，有没有跑偏；

● 给虚拟员工完成工作的自由，或者证明他们不适合这个岗位，后面我会具体谈这一点，所以请继续往下读。

正如你见到的那样，生产是遵循一定过程的。让我们来详细讨论这个过程中的各个组成部分。

一个清晰的目标

如果不说出自己心中所想，你就不能指望他们会带来你想要的东西。对吧？当然了！

我知道，有时候连你自己也不清楚到底想要什么，所以你就聘用一位虚拟员工来为你创造工作、提供灵感。如果是这样的话，你就需要了解一些事情：

● 不要指望虚拟员工一上来就能把事情做对。如果你给了他们一些想法去实现，那就请你明白，这第一阶段是个探索的过程。这样，虚拟员工才能弄清楚你到底想要什么。

● 就算虚拟员工为你提供了一些想法和观念，可指明方向、将其缩小为一个清晰的目标仍是你的责任。

下面是一些有关开发清晰的任务及项目目标，并将其传达给虚拟员工的窍门：

● 使用要点句式。要点句式能迫使你将自己的想法分解成不同部分，使虚拟员工有一张可用来参考的清单，而且这种布局看上去很直观。

● 问问自己，怎样衡量该项目或任务。你希望自己的网站有几页？商标中包含几种颜色？做线上调研时，你希望虚拟员工给出多少个不同的选项？这篇文章必须包含哪五个要点？你打算录制多长时间的视频？

● 共享整体目标。即便一位虚拟员工只负责完成某个大项目中的一小块——例如，图形设计师为网站创建自定义图像——与他们共享你的整体目标同样大有益处。要让他们知道建设网站的目的，向他们描述你心目中的理想客户。这一切都将影响到项目的最终结果。

给出实例，证明你想要什么

一旦头脑中有了一个清晰的目标，下一步就是将实例展示给虚拟员工看，说明你想要的到底是什么。

给出一个实例就像是立了一块靶子。他们究竟有没有正中靶心，裁判权在你的手上，可至少要让他们朝着正确的方向开枪才行。不论你想要实现什么效果，都请给出一个例子，并记得把所有媒介都用上。

这意味着你应该：

● 在商店里拍摄一个产品的外包装，把它当成一个例子，用来告诉虚拟员工你希望自己的数字产品以什么形象出现。

● 将你最近读到的一篇文章的链接发给虚拟员工。让他们知道，你喜欢这篇文章的哪一点，或是哪些方面。将来可以把这些部分融入你要他们写的文章。

● 发送一段 YouTube 视频给虚拟员工，说明你希望实现什么样的编辑。

● 用一张传单来说明你希望网站呈现出何种布局。

● 如果你喜欢看见的一件衣服或一辆车子的颜色，就把它们拍下来。这样虚拟员工就能把这种颜色用于商标设计或图像中。

● 如果你听到一首歌，觉得很适合用作视频的背景音乐，就发一个样本给虚拟员工，让他们找找类似的素材，用于编辑过程。

设立基准目标和监测点

我之前提到过，你最不想做的事就是分派完任务或项目之后就拍拍屁股走人，然后坐等虚拟员工替你完成。在创建一样东西的过程中，会涌现出成百上千个决策——如果还没有到成千上万的程度，这也就意味着，我们很容易偏离正轨。设立基准目标是困住你内心那只虚拟秃鹫的最强有力的手段，因为它能在我们面前呈现一幅清晰的画面，显示项目的进展过程。

为避免自由落体，登山运动员在攀登过程中会埋下很多安全扣。同样，你也能在虚拟员工身上使用基准目标，以防止项目出现较大的失误或失败。

对虚拟员工来说，基准目标十分有用，对你这样的外包商来说亦是如此。这一过程会迫使你将整个项目或任务拆分成一个个小零件来进行考量，而这些零件又能拼成一个完整的项目。此举能让你将重心放在自己的目标上。

可是，先等等！要是你并不了解完成一个项目所需的所有零件，那该怎么办呢？你怎么能指望自己对那些完全不懂的领域设定出合理的基准目标呢？

让我们假设你正与一位程序员合作设计一款个性化软件，如一个移动应用程序。你十分清楚这款软件要实现的功能，可又完全不知道它的设计流程。

窍门共有两步，它能指导你弄清项目的基准目标：

（1）尽可能明确你想要实现的目标或得到的结果。你想让这款软件实现什么功能？用户需要具备何种经验？这些非技术性问题最终会确定研发的方向。

（2）把你的项目和目标一起上传至 ELance 或 oDesk，让所有投标人都来回答下列问题：

● 你觉得这个项目多久才能完成？

● 将该项目分解成基准目标或各个步骤。完成每个基准目标需要多长时间？

通过这种方法，你能让那些有可能成为你的虚拟员工的人告诉你，完成该项目所需的时间以及必须实现的最重要的基准目标。但这一策略的真正魅力在于，你能看到该项目的平均用时和不同虚拟员工提出的带有普遍性的基准目标。你能从这些信息中学到不少东西，有利于你为自己及选定的虚拟员工设定合理的预期。

给虚拟员工完成工作的自由

一旦为虚拟员工设定了清晰的目标，说明了你想要的效果以及需要达到的基准目标，下一步就是闪人了。因为某个特定原因——完成一项工作，并承担起责任，保证自己一直在处理这项任务——你才聘请了这个人。现在该放手，看看他们能利用这种自由做些什么了。

你的虚拟员工按时完成基准目标了吗？当他们陷入困境时，带着问题回来找你了吗？还是说他们一直在等，直到你开始追踪基准目标时才告诉你，因为自己完全不懂，所以没能完成任务？

如果你是一只虚拟秃鹫，就不会看到这些习惯。你聘请了某人，是请他付出时间、才能和能力来真正做事的。在队伍中招进来一个极具天赋，但要推一下才会动一下的人，对你没什么好处。

下面的诀窍能帮你管理自己的虚拟员工：

● 告诉他们有问题要随时联系你。让他们知道，如果你很长时间没有收到他们的消息，就会默认一切正常，那么基准目标就要如期完成。

● 如果他们错过了完成某项基准目标的时间，一定要问问阻碍他们的原因。弄清楚他们是否需要更多时间来完成下一个目标。

● 如果他们未能在约定的时间交付任务，又没有告诉你任务将延期，就不要再联系他们。等他们来找你，然后马上指出预定的完工日期。要让他们知道，你不希望在完成下一个基准目标时再出现这种情况。

这三条建议能让你成为一位公正的管理者，既不会从头管到脚，也不会通过发火或是爆粗口来确保工作得以完成。

要是你发现自己对某位员工的工作表现或职业道德越来越抓狂，那就该解雇他了。没必要靠发火来促使他们完成工作。优秀的虚拟员工千千万万，没必要在一个总是犯错的人身上浪费时间。

最佳实践 | 史蒂夫·迪克森
创业家　迪克森服饰集团以及 Breakthrough4Business

史蒂夫·迪克森（Steve Dixon）现在经营着两家独立的企业。他的确是一位企业家。在短短十年的时间里，史蒂夫的第一家公司，迪克森服饰集团——专注于生产定制运动服与校服——已经发展成为一家营业额高达七位数的企业，在四个国家拥有 40 位员工。史蒂夫的第二家公司，Breakthrough4Business（Breakthrough4Business. com）致力于帮助企业主成长，并让他们在四次年度活动和长期的月度指导中学到东西。年度活动会邀请来自全球的知名演讲者参加。

足足有五年的时间，他下决心要自己经营这两家公司。可后来，史蒂夫终于意识到，他需要借助一点外力。起初，他并没有考虑聘请虚拟员工，可在一位值得信任的业内演说家戴尔·博蒙特（Dale Beaumont）向他提供一些明智的建议之后，史蒂夫加入虚拟员工职介平台，最终聘请到几位来自菲律宾的虚拟员工。

为何选择虚拟员工？

尽管许多企业家和企业主都选择将工作与自己的私人生活分

开，但史蒂夫的两家公司建立在他的正直与个人价值观之上，并以此为基础来经营，所以他很快就意识到，虚拟员工采取的以家庭为导向的态度是自己公司的宝贵资产。

他的团队中包括两位综合助理、一位网站开发工程师以及一位专注于网络分析及报道的搜索引擎优化/网络营销助理。他们全都技艺精湛，但这并没有阻止史蒂夫插手干预他们的工作，并在他觉得必要的时候开展临时培训。史蒂夫的虚拟员工都是各自领域内的高手，而且具备互补的技能，因此营造出一个高效、和谐的工作环境。显然，他们都觉得，能成为运转如此顺畅的团队中的一员是一件收获颇丰的事，因为他们急切地想证明自己的能力。这样，史蒂夫就能将重心放到公司发展上，而员工们则负责技术方面的问题。

为迪克森服饰集团工作的虚拟员工与供应商保持联系，并与他们展开互动，以确保订单能按时按质完成。他们同时负责更新并维护史蒂夫所有新近开发的网站，协助他在社交媒体上进行促销。

负责培训和指导公司业务的虚拟员工的主要工作是更新和维护 Breakthrough4Business 的网站，确保数据库里的资料永远是最新的。

史蒂夫的障碍

史蒂夫很早就意识到，进入外包行业时，他自己才是需要克服的最大障碍。他要学会如何接受并相信自己的虚拟员工，将他们看成自己的延伸，而不是当成雇来的帮手。在这个重要决定上，史蒂夫没有完全依赖运气。他感谢虚拟员工职介平台让自己能通过 Skype 面试来掌控进展，精选出自己的员工。

史蒂夫的最佳实践

● 珍视虚拟员工。史蒂夫极为强调一点，即要将每位虚拟员工都看成团队不可分割的组成部分，这十分重要。当你将如此多的业务放心交到他们手上时，你可担不起看轻他们导致的后果。虽然你可能要绕过大半个地球才能见到他们，可还是应该像珍视办公室里的同事一样重视他们。

给他们安排有意义的任务。因为看不到团队其他成员，所以虚拟员工难免会出现"心不在焉"的状况。史蒂夫认为，你应该通过有意义的任务让他们保持忙碌的状态，这样才能将你肩上的全副重担卸下来，保持员工的坚定决心和工作效率。这是一种双赢的局面。

史蒂夫使用的工具

下面是史蒂夫在与虚拟员工一同工作时最常使用的工具：

● Teamwork Project Management（TeamworkPM. net）：用来分派任务、管理项目、让虚拟员工保持进度一致的一款绝佳软件。

● Jing（Techsmith. com/Jing）：一款超级棒的软件，能同时进行屏幕截图、录制音频和视频，使你的指示和目标变得简单、清晰。

现在，让我们来看看管理不同岗位虚拟员工时可以采用的具体技巧吧。

不同岗位虚拟员工的管理细节

我们刚刚讨论的是虚拟员工管理中的基本原则，适用于公司中的所有岗位。现在让我们来谈谈具体的措施，就从你能收入麾下的不同岗位的虚拟员工说起。

你会发现，针对不同岗位有不同的具体诀窍来管理其工作效率。你不会变成一位夜不能寐、杞人忧天的人。

综合助理

● 在谷歌云盘上创建一份共享文档，用以追踪小时数和活动。

● 设定固定计划来检查综合助理的工作。我建议每周两次为宜。

● 发送新邮件给综合助理布置新任务时，在主题栏内写上"新任务：（任务名称）"。然后让他将该任务加入共享文档以便追踪。

● 每两周结算一次工资。你的综合助理会很感激你，并乐意继续与你共事。

工具与资源

下面这些资源能帮助综合助理管理他们的长期工作，使他们日益改善自己的工作表现。多数时候，你只要简单地把这些（以及其他你找到的资源）推荐给他们就行了。想让他们努力地进行自我提升，只要发送一封像下面这样的简短电邮就能

090

搞定。

梅勒尼：

你好。我在上网搜索如何让我们成为具有超级工作效率的团队时，发现了这些资源。我觉得应该和你分享一下。

- 资源 1
- 资源 2
- 资源 3

我尤其喜欢【资源 2】，因为它能告诉你如何【活动】，以便帮助公司提高工作效率或获得更多盈利。

去看一看，然后告诉我你的想法吧！

克里斯

对综合助理来说，下面这些资源都不错：

- 家庭办公指南：登录 Inc. com/Guides/Set-Up-A-Home-Office. html 看看《公司》（*Inc.*）杂志提供的有关在家里开辟一个高效职业化办公场所的出色指导。登录 Entrepreneur. com/HomeOffice/在《企业家》（*Entreprenur*）中找一找大量有关创建家庭办公室的文章。

- 虚拟员工培训课程：在 Filipino GVAs（VirtualStaffTrainingAcademy. com）上有至少 75 个视频及 15 小时的培训。

- 行政助理培训：行政助理协会（AAA. ca）这个培训中心里全是宝贵资源。

- 培训及更多的免费工具：Mind Tools（MindTools. com）汇集了一些出色的培训课程和免费工具。

　　下述工具在日复一日的综合助理管理中也很有必要，对几乎所有岗位的虚拟员工的管理来说也是如此。

　　● 谷歌云盘（Google. com/Drive）：可以在上面共享 Excel 表格和 Word 文档。这两者都是上传新任务、管理每周工作时间的绝佳工具。

　　● Dropbox（Dropbox . com）：一款必备的产能工具。你可以让虚拟员工通过它发送调研报告、上传并共享媒体文件。

　　● Skype（Skype. com）：许多虚拟首席执行官都推荐使用 Skype 来与虚拟员工保持联络。在你和虚拟员工每天的工作时段中，也许能找到重叠的部分。这样你们就能有时间聊天或仔细讨论遇到的问题了。如果想让多位虚拟员工同时进行面对面的交流，我推荐你使用谷歌视频群聊。

网站开发工程师

　　● 进行在线调研，将能说明你心中所想的网站范例展示给开发工程师看。

　　● 始终不要忘记用户体验。你的任务是将一个清晰的用户体验传达给开发工程师，而他的职责是实现你的想法。

　　● 通过 Skype 或电话来讨论项目。有些事情用一通简短的电话沟通起来，比用电邮的效果更好。

　　● 在插件及其他技术问题上，征求开发工程师的意见。

工具与资源

　　因为多数网络开发工程师十分有经验，所以我决定在下面为你列出一些资源，作为网页设计及编程的入门读物。我也加上了一些额外的招聘技巧。这些资源无法在一夜之间将你变成一位专家，但可以让你理解基本知识，学会说程序员的语言。

● 网页设计术语列表：HubSpot（http：//blog. hubspot. com/non-designers-web-design-glossary）。这份简明易懂的术语表能让你明白网站开发世界中十分常见的术语的意思。

● 招聘指南：你能在 Inc. com/Guides/Web-Developer-Hire. html 上找到《公司》杂志提供的网站开发工程师招聘指南。

● 项目管理工具：Basecamp（Basecamp. com）是一款很伟大的软件。在以项目为基础开展工作时，如果你想保持所有人进度一致，它就是完美之选。还有一些其他的选择，我会再次详细介绍。Elance 这类平台可以用于与那些以项目为基础的自由职业者共事，这些平台本身就自带类似的管理工具。

图形设计师

● 即便你没有一双具有创造力的眼睛，还是能通过向他们展示范例来说明你想要呈现的效果，为他们指明方向。

● 让你的虚拟员工在类似 iStock（iStockphoto. com）的线上图库中寻找图片。

● 描述细节时，尽可能具体。例如，在描述你对颜色的喜好时，可以使用精确的 HTML 颜色代码。

● 字体是设计中的主要方面。如果你弄清楚了自己想以哪种字体为主，就是帮了设计师一个大忙。外出时，我喜欢用手机将见到的所有炫酷字体都拍下来。就算设计师没法做到完全一致，也能十分接近！

工具与资源

除此之外，还有一些工具和资源可以转给你的设计师。这些能帮他们找到思路：

● IconArchive（IconArchive.com）：拥有海量网络图标。

● 网页设计思路：在 TheBestDesigns.com 和 Great-Web-De-sign.net 上能找到两个杰出网页设计的展示专栏。

● Design Cubicle（TheDesignCubicle.com）：设计界的新闻、选项和组合链接。

● 99designs（99designs.com）：许多设计艺术家会来这里展示自己的作品。

搜索引擎优化师/线上营销助理

● 花点时间把你打算定位的关键词彻底弄明白。你的潜在客户可能会搜索什么样的关键词？因为最了解市场需求的人是你，所以要由你来找到这个问题的初始答案。

● 询问搜索引擎助理的策略，以及他希望实现的结果。

● 关注网站的分析数据。尽管在看到结果之前，你应该理智一些，明白策略要过一段时间才能起作用，但与搜索引擎助理一同工作应该会带来访问量的增加。每两周检查一次进展。

● 问问搜索引擎助理，他们是如何紧跟谷歌算法的变化的。

● 留心网站上排名最高的单词和词组。问问你自己，"这些是客户会搜索的短语吗？"如果没有人搜索你设定在最前面的单词和词组，那你就是在做无用功。别被结果蒙骗了。

● 不要在一棵树上吊死——如果没有效果，就果断换人。没错，转变要隔一段时间才能显现，可等了一段时间也应该有结果了。

工具与资源

● 搜索引擎优化术语（SEOBook. com/Glossary）：全面的术语列表，让你掌握最基础的知识，足以应付工作之需。就算是我也还在一直学习！

● 搜索引擎优化快速入门（给你，而不是你的虚拟员工看的）：登录 Entrepreneur. com/Article/204594，阅读《企业家》杂志上的一篇必读文章。它讲的是你要保护自己，不要上那些对你许诺一切的搜索引擎优化公司的当。

● Market Samurai（MarketSamurai. com）：一款很不错的关键字研究与优化软件。

● Long Tail Pro（LongTailPro. com）：又一款超棒的关键字研究工具。最近越来越多知名的博主和网络推手开始使用这款软件。

内容编辑

● 与多位编辑合作。每个人都有自己的风格，要花些时间才能找到你喜欢的那一个。若有人未能完成任务，这个主意就更妙了，因为你能找到其他人顶上。

● 把你打算写进文章的要点提供给编辑。

● 给出字数要求——通常一篇博文的长度在 500～1 000 字之间。

● 如果你想自己来写，就聘请一位文字编辑。他会校对你的稿件，甚至会将你松散的语句修改得精练明确。如果你不打算花大量时间修改稿件，写一篇结构松散的文章是一个好办法。你只要尽快写好初稿，把它交给文字编辑或其他编辑进行修改就行了。

工具与资源

● 印象笔记（Evernote.com）：这款程序能让用户以文本、音频、照片和视频等形式保存自己的笔记，然后将信息同步到自己所有的电子设备上。之后，用户能利用关键词搜索到这些笔记，就像在网上搜索信息一样。这也就意味着，任何能用于一项新内容的想法绝不会从你的指缝间溜走。

● Plagiarism Checker（PlagiarismChecker.com）：网络使人们很容易就能抄袭别人的成果。在与内容编辑合作的过程中，我建议你至少要定期检查他们的工作，以确保所有文章都是原创的。这么做给了你一重保障，尤其当你与一些不太熟悉的自由职业者合作时。

● 桌面透明便签（Simplenote.com）：这是我最喜欢的移动应用程序之一。我在 iPhone 和 iPad 上都安装了这款程序，用它来记录以后可能会成为新内容的点子。有时，在排队或在机场候机厅等待，又不想从包里翻出笔记本的时候，我就直接用它把整篇博文敲出来。你也可以把自己制作完成的作品的链接直接发给你的编辑。这样他们就能开足马力，为你精心制作了。

视频编辑

如果你的视频能遵循一个固定模式，不论对你、编辑还是品

牌来说都很有帮助。这能让视频编辑进入状态，因为他能确切地
了解你想呈现的效果。

我推荐你将下列内容交给视频编辑：

● 你写好的脚本——至少应是简略的要点句式列表，注明你
希望怎样将所有内容串联起来。

● 你打算使用何种类型的音乐（如果有的话）。

● 最终的视频应包括每个场景的哪些镜头。

工具与资源

● 故事版模板（Storyboard template）：快速搜索谷歌图库就
会蹦出许多选择。我建议你选择简单、有效的故事版模板。把它
打印出来，在上面涂涂画画，再配合笔记，供虚拟员工编辑时参
考。用手机拍一张照片，上传到 Dropbox 给虚拟员工，然后就能
开工了。

● Web2Explosion（Web2Explosion. com）：一个很棒的 Web
2.0[①] 图标与按钮的集合。虚拟编辑能把它们用到你的在线视频中。

● Splasheo（Splasheo. com）：这项服务是由吉迪恩·沙尔维
克（Gideon Shalwick）开发的。他可是在线视频领域名头最响的
人之一。他们公司制作的视频缓冲器质量超棒，简直酷毙了。你
可以把它们和另一些产品用在自己视频的开头和结尾。我就用了
他们的产品。

------

① 指的是利用 Web 的平台，由用户主导而生成的内容互联网产品模式。为区别传
统由网站雇员主导生成的内容而定义为第二代互联网，即 Web 2.0。

应用程序开发师

● 在聘用应用程序开发师之前，先想清楚，你打算将自己的应用程序发布在哪种或哪些平台上。想一想你的目标人群，人们会如何使用这款应用程序，并考虑其他能确定你需要开发的应用程序类型的因素。

● 聘请一位与你没有什么沟通障碍的应用程序开发师。这可能意味着，你最好在国内寻找人选，或者是那些英语流畅，总能及时与你沟通的海外雇员。

● 最优秀、最成功的应用程序是那些能将一件事做到极致的程序。把这一点告诉你的开发师，让他们真正关注核心易用性这一因素。这将解决以后可能会出现的许多问题。

工具与资源

● ShoutEm（ShoutEm. com）：Mashable. com 说过，这款小小的服务"简单至极"。如果你还在与超人情结作斗争，试图自己做出一款移动应用程序，就该走这条路。你也可以把它交给你的虚拟员工，让他去研究。

● MobileDevHQ（MobileDevHQ. com）：许多伟大的开发师在开发建设方面实力非凡，但营销知识十分欠缺。这些人会帮助推广你的应用程序，为其打广告。

● IconBeast（IconBeast. com）：收集了很多移动图标，适用于所有主要的移动设备。不管何种类别，每一个应用程序都能在这里找到合适的图标。

重复性任务与项目的管理区别

既然你已经了解了用来管理主要外包岗位的具体技巧、工具和资源，就让我们开始讨论你将管理的两种主要工作类型：重复性任务与项目。

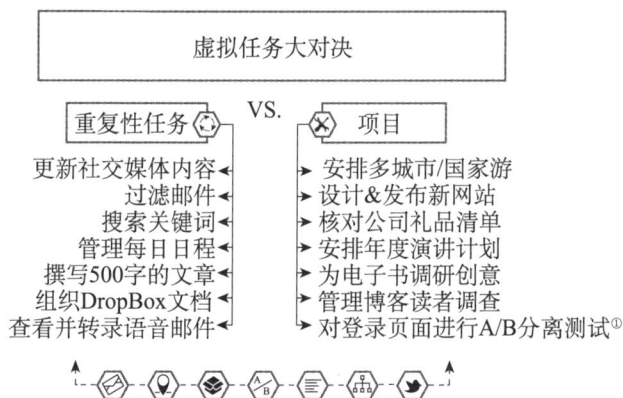

```
┌──────────────────────────────────┐
│           虚拟任务大对决            │
└──────────────────────────────────┘

 ┌─────────────┐  VS.  ┌─────────────┐
 │ 重复性任务   │       │    项目      │
 └─────────────┘       └─────────────┘
   更新社交媒体内容◄      ► 安排多城市/国家游
       过滤邮件◄          ► 设计&发布新网站
      搜索关键词◄         ► 核对公司礼品清单
     管理每日日程◄        ► 安排年度演讲计划
   撰写500字的文章◄       ► 为电子书调研创意
   组织DropBox文档◄       ► 管理博客读者调查
 查看并转录语音邮件◄      ► 对登录页面进行A/B分离测试①
```

重复性任务

重复性任务是指那些经常进行的活动。它们必须按既定的时间表，通常是每天、每周或每季度来完成。

例如：

● 每天发送推特，更新脸书页面；

● 为文章搜寻关键词；

● 撰写 500 字的博文；

---

① 一种提高转换率和反响率的测试方法，常用于比较两个样本的结果。

- 每天工作前过滤你的邮件；
- 每天早上编一张会议列表；
- 向客户发送生日祝福邮件。

首先，你必须确定自己的业务中哪些属于重复性任务。让我给你支一招：在分派每日、每周、每月的任务前，要诚实面对公司的目标，清楚为什么要做这些工作来推动公司向前发展。纯粹为了感觉有工作效率而炮制出的工作，是你最不愿意做的事。

一旦明确了哪些是重复性任务，下一步就是编一张重复性任务日历，概述员工需要遵守的日常安排。这张日历必须能准确表达出你想要他们完成的任务和截止日期。如果你打算再多做一步，我建议你把季度任务也包括进去。但是，就算你没有任何季度性的重复性任务，这项练习也能帮助你从战略上来考虑问题。

下面这张是我为自己的综合助理制定的有关社交媒体活动的周重复性任务模板。

时间	更新类型	平台/渠道
周一	视频	脸书、推特、谷歌＋
周二	问题	脸书、推特、领英
周三	文章/资源	脸书、推特、谷歌＋
周四	成功人士的名言	推特、谷歌＋
周五	播客产品推销	脸书、推特、谷歌＋、领英
周六	个人信息更新	脸书、推特
周日	商界精英的名言	脸书、推特、谷歌＋、领英

你能清楚地看到，我把社交媒体的重点放在了脸书和推特上。尽管在各处都建立档案是一种明智之举，但还是有所侧重才好。

我让虚拟员工对不同类型的内容进行更新，这让我看上去更专业，而且读者、客户和订阅者能有多种途径与我联系。

> 可登录本书网站 Virtu-alFreedomBook. com/ Reader 下载这份重复性任务模板。

项目

项目是指那些有明确的开始及结束时间的活动，例如，创建一个网站、设计与发送客户调研表或订机票等。

通向成功的项目管理的第一步就是安排优先级。因此，我建议你思考一下下列问题：

（1）哪些项目对公司的影响最大？就每个项目，至少列出两个可能的结果。

（2）完成这些项目需要耗费多少金钱和时间？如果不知道，就弄清楚这些问题。

现在，你可以开始制定项目日历了。这时，谷歌云盘上的文档就能用来追踪项目进展和设立基准目标。此外，你还能使用Asana，HiveDesk 或前面提到过的 Basecamp 这类项目管理软件。对新手来说，这些软件可能有些陌生。就让我简要地介绍一下它们都是什么，以及在虚拟员工的每日管理上，都具有什么特色功能。

哪怕是完成一个最小的项目，也要做出很多决定、涉及许多可选组件。就拿点一份三明治来说吧。

假设你让私人助理去最近的三明治店为你买一份快餐。从他嘴里可能会马上冒出下面这一堆问题——尤其当他想讨好你时："全素吗？如果不是，要哪种肉呢？想要什么样的面包？吐司面包吗？奶酪要吗？加生菜还是菠菜？还是都要？土豆呢？椒盐还是只加辣椒或盐？加芥末、蛋黄酱、番茄酱，还是什么都不加？洋葱要不要？三明治是沿对角线切开、从中间切开还是一刀不切？"

就算是一个最小的项目，也需要你做出很多微小的决定才能完成。在三明治这个案例中，与你合作的只有一位雇员，而他只需要面对一位制作三明治的厨师。公司运行的项目要比这复杂得多，层次也更多，需要更多人将更多层的内容夹进"三明治"里去。

这时，项目和管理软件就能帮到你。它能让这些人以及项目的各部分井井有条，让他们专心地按部就班。在虚拟员工进入你的生活之前，你可能并不需要这种软件：你就是企业中那个制作三明治的人——你可能也是自己的私人助理。当然了，事情很忙碌也很疯狂，但你总在不断进步（虽然速度有点慢）。而且你很清楚，某个特定的项目进展到了哪一步。

但既然出现了虚拟员工，事情就不可同日而语。你从制作三明治的人摇身变成了项目经理——要是你还没有一个系统来兼顾所有的事情，情况就会复杂起来。所以，让我们看看，对你和虚拟团队来说，现在都有哪些不同的项目管理软件吧。

善用项目管理软件

多位虚拟员工＋多个项目＝极易遗漏一些细节

你无法阻止细节悄无声息地溜走，或期望在没有一个系统管理的情况下，能按时完成多个项目。

我之前就提过，项目管理系统可以像在谷歌云盘上共享文件那般简单。事实上，这么做十分有效——当然也能再复杂一些，就像我即将介绍的那些项目管理解决方案。它就是一个能向团队所有成员分配责任，并且让他们共享自己的工作进度的平台。软件的优势就在于，你在利用软件检查项目时，能保持整个团队进度一致，而不用挨个追踪每个人的进展状况。

项目管理软件的另一大优势就是它能使你利用软件本身进行沟通。这一点简直棒极了，因为这可以减少电邮的数量——这总是受人欢迎的！不用发送电邮或使用 DropBox，你能通过软件直接上传文档。而且这些文档都被打上时间标记，所以你能看到它们什么时候被更新。

下面是我推荐的一些项目管理软件解决方案及各自的主要特性。

Basecamp 软件：Basecamp. com

● 能将所有内容展示在一个页面中，包括所有项目的综述快照；

- 接收所有项目中一切活动的每日更新；
- 在平台内部分享文档，将 Dropbox 的使用率降到最低；
- 将团队组织成不同的小组或项目；
- 查看每个人的日历及其正在处理的事。

Asana 软件：Asana.com

- 免费使用；
- 分配、跟踪、评论任务；
- 设置阶段性目标、优先处理的事项以及完成日期；
- 创建团队工作的自定义视图，搜索并筛选结果；
- 在智能手机或移动设备上接收项目更新或完成的通知。

Teamwork Project Management 软件：TeamworkPM.com

- 创建任务列表，并将其分配给团队成员；
- 创建并追踪阶段性目标；
- 通过特殊的隐私设置，向适当的团队成员显示任务或项目，当你与不同的虚拟员工共同处理不同项目时，这一点很有帮助；
- 共享备忘录，让多位成员在同一存储位置处理同一条内容，就像是一个内部的谷歌云盘文件；
- 将消息分类，以便搜索。

HiveDesk 软件：HiveDesk.com

- 全天候任意登录、退出；

● 在项目间切换，利用软件追踪每位员工耗费的时间；

● 将任务分配给一位虚拟员工或将更大的项目分配给一组人员；

● 以 PDF 格式输出工作历史，方便撰写报告；

● 通过截屏技术，查看随机捕捉到的虚拟员工的电脑截屏。

尽管这些平台稍有不同，它们的目标却是一致的——让整个团队步调一致。请记住，软件只能捕捉到正在发生的一切——它并不能直接提高工作效率！只有当你为团队选对了人，选对了项目，并与团队共同努力去引领、完成项目时，真正的奇迹才会发生。

虚拟员工的工作报告

不论你的虚拟团队规模是大是小，团队成员在用定期报告向你汇报事情进展方面做得如何都是衡量团队工作效率的方式。使他们一直保持工作状态，朝正确的方向前进，会使企业大受裨益。但就像我之前提过的，仅仅化身为一只虚拟秃鹫并不能为公司带来这些优势——只有系统和协议才能实现这一点。只有与超人情结作战，才能获得成功！

既然已经明确了你能与之共事的虚拟员工的不同岗位、列出了重复性任务、在一份共享日历（不论是项目管理系统中自带的日历还是像谷歌日历那样的网络日历）中对主要项目进行了优先级排序，那么现在就该进入报告这一流程了。

别担心——这不是额外的工作

　　每当我提起报告这个话题时，人们通常的第一反应就是："先等一下，克里斯——报告？我可不想再给自己找些事干了。"别担心，这不会增加你的工作量；它能帮到你。有效的报告是一种工具，它能帮助你：

- 激励虚拟员工每天取得进展；

- 回答任何出现的问题或提出问题；

- 请团队成员就如何改进行事方式提出建议。

　　如果没有报告这个过程，你就很难判断整个团队是否正朝着正确的方向前进。你心里的那只虚拟秃鹫就会趁虚而入。所以下面是你应该做的：新助理入职的前 30 天，让他每天下班前给你发一份报告，并在报告中回答下列问题：

- 你今天完成了哪些工作？想象一下，就当是有一位客户向你提了这个问题。我知道你不喜欢这么做，但我保证，如果你每天都必须回答这个问题，一种责任感就会油然而生。

- 有没有什么地方需要帮助，或者说你有什么问题要提吗？这给了你的员工一个寻求帮助的安全环境。我之前提过，他想要取悦你，所以宁可自己捣鼓解决办法也不会开口求助。

- 你有什么建议吗？如果让员工提出建议，你就能知道在一个新人的眼里，自己的公司是什么样子。你的员工每天都奋战在业务一线，他们能提出宝贵的见解。你的超人情结会让你觉得自己才是最了解公司的人，可在那些你不擅长的领域里，根本就不是这么一回事。

我让自己的所有员工每天一定要在电邮中就这三个话题进行说明。这样我就能回答他们的问题并监控进展。下面是几天前一位员工发给我的一封电邮。

老板，你好！

希望你今天过得很愉快。

你是否看了昨天的谷歌分析报告？如果你还需要更多的细节，请告诉我。至于下一封报告，我在考虑要不要加上一些反向链接计数，不过我得先做一份搜索引擎优化审计才行。

同时，我已经将 7 月份 ChrisDucker.com 的内容日历上传到了 Dropbox。内容聚合和再利用计划已经添加到我们本周早些时候一起看过的谷歌文档中。

今天，我做了下面这些事：

● 搜索了一位信息图设计师。本周末能给你一些选择方案。

● 为新网站的公关方案拟订了初稿。

● 上传能推送的图像（两张）到脸书。

● 在博客内容列表中增加了一些关键词。

● 完成了 YouTube 关键词的搜索，已经放在 Dropbox 里。

请注意，我做了关于"如何在 YouTube 上进行有效关键词搜索"的调研，发现很多网站都推荐它的"推荐"功能。所以，我没有拿到全球及本地的数据。我还用了很多流行视频的高级功能来寻找关键词。

　　请看一下，然后告诉我你的想法。

　　谢谢！

玛丽：一）

　　玛丽总是会在信的结尾加上一个微笑的表情！这是她性格中的一部分，我很想把它推广开来。现在舒服地坐着，然后再读读这封电邮。我专注企业发展的时候，玛丽正在公司里努力工作。她替我完成了这些任务，而我在关注客户、内部管理会议及策划公司活动。

　　在与虚拟员工共事这么多年之后，我还是能被这样的电邮镇住。一想到在我——企业主，并且是推动公司不断发展和成功的源泉——照顾自己生意的同时，员工的工作效率是如此之高，我就会受到鼓舞。

　　一旦你在 30 天内建立起这种日常程序，你的员工就会知道你很重视发展。这时，你就可以考虑将报告的间隔改成每周一次或每两周一次。

自由之道　贾斯汀·富尔彻
线上服务供应商　Kinda IT

　　我在写这本书的时候，只有 21 岁的贾斯汀·富尔彻（Justin Fulcher）已经在经营一家极为成功的企业。这着实让人印象深刻。而当你了解到他的企业已有七年的历史时，你会想自己在年少时期怎么就没能像他这样具有前瞻性呢！贾斯汀基本上没什么从商的经验。他喜欢上电脑，然后就创办了 Elance.com，一家帮助自由职业者找工作的网站，并且开启了自己的职业生涯——与来自全球的人们共同协作。

陷入困境

有四年的时间，贾斯汀一直挣扎着在学业与公司间保持平衡，最后他决定退学，去追求自己真正喜欢的事——环球旅行。但是他知道，为了实现这一梦想，自己必须对公司的业务放手。这样一来，他就要相信自己的员工能高效地管理公司。贾斯汀在聘用员工时遇到的最大问题就是他的年龄以及他的经验。最初，他相信，最明智的途径是用最低的薪酬来聘请员工。但他很快就发现，最低的工资往往会带来最差的工作质量，这就会导致他采取从头管到脚的全面管理。

解决之道

因为没有时间和资源开一间实体办公室，贾斯汀转向聘用虚拟员工，这样他就能平衡旅游与工作。作为一个程序员，贾斯汀把沟通与组织的工具抓在自己手里，并请人开发了能支持几个小组同时进行视频聊天的软件——对手下员工的数量不断增长的企业主来说，这是必备的。他舍弃了最低工资，因为他能够并且真正开始将员工的工资水平提高到他们应得的水平。因此，许多素质更高的人加入他的团队。

最终成果

从广告宣传经理到项目经理，再到图形设计师，贾斯汀现在聘请了60多位虚拟员工。他们居住在巴基斯坦、瑞典和加拿大。他每个月与高层主管进行两三个小时的核查，以获取进度报告。在这些会议中，贾斯汀及其团队会探讨预计的增幅、阶段性目标的维护，以及未来的目标和计划。他也会利用这些会议来确定是否所有的员工都很愉快、满足。如果没有这些虚拟员工，贾斯汀就不可能在自己周游世界的生活方式与运营企业之间找到平衡点。

激励措施

一旦让虚拟员工行动起来，并开始努力工作，那么虚拟员工管理计划中的最后一个要点就是保持他们的积极性。

别担心，我不会花你太多的时间和金钱——但它能确保你的虚拟员工迈着健康的步伐进行工作。

薪酬要符合他们的价值

不要指望一个月支付 250 美元就能让一位海外助理超负荷工作，更何况你丢给他的工作比一位朝九晚五的员工在正常工作时间内处理的事情还要多。在这种情况下，给出公道薪酬的经验法则是花点时间调研一下，在你打算聘请的员工所在的国家，预期工资是多少，然后照着做。不过你要记住，某些技能——以及掌握这些技能的人——比其他人更有价值。考虑到这一点，你给出的薪酬范围明显会根据个人需求、业务需求，甚至你的直觉发生浮动。

按时支付工资

按时支付工资是一股巨大的动力。为了达到你的要求，你的员工工作勤勉。因此，请你也遵守你们之间有关工资和支付时间的约定。请记住，很多在家办公的菲律宾员工都要承担起养家的责任，例如，供兄弟姐妹上大学或赡养一个大家庭。在拿到手之前，他工资中的大部分可能就已经花得差不多了。按时支付工资也是一股简单的动力——相信我，它对雇员产生的影响大到你无法想象。

尊重虚拟员工

与虚拟员工相处时，要好像他们就在办公室里，就坐在你身边工作一样。不能仅仅因为他们不在你触手可及的范围内，就把他们当成你的奴仆——他们是你的虚拟员工，与团队中的其他人一样重要。

保持团队的积极性需要的只是简单的常识以及尊重。当然，加上其他物质激励也是值得的。

经常对他们进行评估

我每年对自己的全职员工进行一次评估。这不是走个形式。我需要花时间关注他们的表现、对工作的整体态度，以及在过去一年中，他们在公司中的岗位有了何种变动。

现在，我也会与员工讨论加薪的问题以及未来的计划，因为他们是团队的一员。根据我的经验，雇主若是能关注他们，虚拟员工会心怀感激，并关心这种评估意味着什么，例如，是一次加薪的机会还是一次升职的机会。请确保经常进行评估。

带薪假期

就算你每月支付给虚拟员工固定的工资，这也不意味着，你可以不给他们放假或提供带薪假期。公平一点吧。熟悉一下他们所在国家的节日，然后在将哪些节日算成带薪假期这个问题上做出决定。一定要和他们清楚地沟通这个问题。不要在民族或宗教节日的问题上让他们感到不安。

在薪酬问题上，你可能想要入乡随俗。这可能是为了赢得他们的忠心，抑或仅仅为了让他们觉得能加入这个团队是一件幸事。例如，菲律宾政府强制规定，雇主必须支付"第 13 个月的工资"。这项年度福利会在 12 月的月中发放给所有菲律宾雇员，并按比例分摊到每个月中。因为我的公司不在菲律宾，所以政府并不要求我向菲律宾员工支付这笔工资，但我还是发了。对于这一点，我的员工们都超级感激。每年最大的节日临近时，我很喜欢看他们脸上绽放出的笑容。

可登录 TimeAndDate.com/Holidays 了解全球多数国家的主要公共节日。

不论你在薪酬问题上的决定是什么，请直言不讳。即便是在面试或录用阶段，也是如此。

健康保险

如果你聘用的团队成员是全职员工，很可能他们只是为你工作，因此就不会有其他雇主为他们买健康保险。很遗憾，很多虚拟员工甚至都没想到健康保险这码事。

我不建议你马上就为虚拟员工购买健康保险。但是，经历了一年多全身心投入的全职雇佣关系之后，你们之间已经产生了一些信任与亲近感，你也许就能考虑为他们购买保险，作为一项奖励或额外福利。对身处发展中国家的员工来说，例如菲律宾和印度，能获得一份私人健康保险是一件不错的事。因为他只要额外交少量的钱，就能把那些依赖他生活的人，如他的父母和孩子纳入这份保险里去。如果你想为自己的员工这么做，而他们又与你生活在不同的国家，就让他们去调研什么样的保险好，再把这些选择方案都发给你。这样你就能做出决策了。

支付方式及纳税问题

几乎我接触过的所有虚拟员工都喜欢用贝宝来领取工资。它能即时到账，而且很好用。有了贝宝，你就知道钱去了哪里。它值得信赖。

不论身处何方，多数自由职业者和虚拟员工都是个体户。因此，他们需要自己处理所得税、保险和养老金等问题。

但如果你对纳税以及聘请海外雇员的优势心存疑虑，我建议你与当地的会计师或律师谈一谈。因为有时候，世界各地的情况是不同的——尤其当你的虚拟员工生活在地球另一端的时候。

因为工资水平波动很大，而虚拟员工市场自身也经常发生改变，我会给你们提供免费的在线指导。我一直在 ChrisDucker. com/VAPay 上更新这部分内容。

在奖金问题上要有创意

我能理解，一谈到奖励措施，人们第一个想到的就是钱。我知道，很多企业家通过贝宝或其他方式（如西联汇款等）向虚拟员工支付奖励。发放奖励的原因很多，比如及时推出了一款产品或完成了一个设计项目等。这些主意都很棒。我个人不喜欢过度使用现金这种奖励方式，如果使用太过频繁，要是员工在某个项目完成后没有拿到奖金，可能就会觉得有些不舒服了。

在奖励和送给员工礼物这个问题上，尽量有些创意。过去，我曾送过下面这些礼物：

- iTunes 优惠券；
- 生日的时候送上鲜花和巧克力；
- 结婚纪念日的浪漫之夜（他们可以建议选择当地哪家酒店）；
- 为新生儿送上婴儿服；
- 餐厅的礼品券（他们可以把链接发给你，由你来付款）；
- 意外地来自亚马逊的图书或类似服务。

这个主意的目的是激励并回馈你的员工，这样他们就会更努力地工作，工作更具效率，最终为你带来所有雇主都希望并需要的投资回报率。

显然，你会看到，对虚拟员工的有效管理涵盖了几个方面。很多人在网上谈论这个话题，可能你会因此觉得这是一个一刀切的过程。但事实并非如此。

明白如何管理不同岗位的虚拟员工，以及如何创建一个良好的报告流程只是一个开始——但你必须尊重这个开端。如果你沿着我在这里概述过、经过反复实验的过程前进，最后，你就有更大的机会以箭一般的速度飞向个人自由之路，而不是靠自己的翅膀慢慢飞过去。

如果他们对得起你付出的工资，这一路虚拟员工都会协助你。显然，不论他们身处地球的哪个角落，你都会试图让前路尽早变得更加清晰——我们接来下会探究这个话题。

无法回避的问题：本地还是海外

虚拟人力资源世界中一个最重要的问题就是，到底该聘用本地员工还是海外员工。

　　不久前，我在美国的一场会议上为将近 400 位小企业主做了一场演讲。在演讲结束之际，我留了时间给大家提问。一位绅士接过话筒，问我对于宣传夺走其他国家工作机会这个想法有何感想。

　　我指出，与其说从任何人手里抢走了什么，不如说小企业通过最初在海外招募人才，在启动阶段存活下来，最终为本地的发展创造机会。

　　尽管我确定，这位与会者并不想挑起一场争吵，而我如此回答也是出于同样的目的，但他的确提到了很多人关心的一个问题。不论你的企业位于何处，本地和海外人才都能有效地提供你经营、支持以及发展企业所需的服务。但这两类员工各有利弊。本章我们要讨论的就是这一点。

　　本章将包括：

- 本地虚拟员工的先天优势；

- 海外员工并不适合所有业务；

- 客户支持业务适合何种外包模式；

● 海外外包的推荐目的地。

将任务外包给海外员工并不是什么新鲜事。不过不要将打造一支虚拟员工团队与运营一家拥挤不堪的客服中心或是开办那些肮脏不已的海外血汗工厂混为一谈。

全球劳动力的扩张速度之快，我们已被它甩在了后面——有时，聘用海外雇员很明智，那是因为他们的技能组合和工作经验很丰富，而不是因为他们的时薪更为低廉。即便如此，当时机恰当，或任务有这种要求时，有时尽量在离自己近一些的地方招人也是节约之举。

本地虚拟员工的先天优势

还记得你长大以后进了大学或第一次搬到自己的住所，把父母抛在身后的情景吗？我不知道你会怎么做，但我每周都会回父母家看一看——有时还要更频繁——因为我妈妈烧的家常菜很好吃。

我也经常和我的爸爸谈事业、品人生。他不是一个富有的人，涉世也不深。但他工作很勤勉，对老板很忠诚——他把这些品质都灌输给了我——一个年轻的职场人士。

我们第一次独立走出家门时，为什么喜欢离家近一些？在很多情况下，是为了获得舒适感，因为我们知道自己能依赖那些离我们最近的人。离那些认识我们、知道我们的脾性、与我们交流融洽、拥有共同世界观的人近一些，会让人觉得放心。

事情就是这样的：很多人认为，为了充分利用外包的优势，他们需要在国外组建一支虚拟员工团队，但事实并非如此。有时，与冒险进入国外市场比起来，在本地寻找人才，才能更好地为你的公司服务。

下面是与本地虚拟员工共事的一些好处：

● 你们在相同的时区工作。与虚拟员工拥有相同的工作时间表可能是一个优势。这样你就能及时回答他的提问，他也能实时为你的客户服务。

● 本地编辑具有沟通优势。想一想你的目标市场和观众。你是宁可让一个外国人来与客户通信，还是选择一个清楚你的价值取向、企业需求，同时又使用母语的本国人呢？如果你在找一位广告或内容编辑，我建议你还是考虑本地雇员。如果你需要有人成为你的发言人，请国外员工就更不靠谱了。

● 你可能已经喜欢上虚拟员工的工作了。当你喜欢一个人的工作时，价格和地域就不再是问题。尽管我自己也经营着一家虚拟员工公司，但当我喜欢一个人的风格、背景或仅仅是他的工作方式时，我还是经常会把任务（通常都是以项目为基础的）外包给不在我花名册上的虚拟员工。

● 很多与我交谈过的企业主都说，他们喜欢与本地虚拟员工合作，就是因为他们在当地。虚拟员工与雇主拥有相同的传统，也更能理解公司所在国家的客户。

对那些想在国内（美国）寻找雇员的人来说，eaHELP（ea-HELP. com）与Zirtual（Zirtual. com）是不错的解决方案。这两家公司的所有虚拟员工都是美国人，而且公司为新手——那些初涉外包领域的人——提供包时服务。

　　下面的例子完美地证明了何时聘用本地雇员最好：我们的虚拟员工职介平台的一位顾客是一名整形医生，他正在与一位搜索引擎助理合作，优化自己的网站。这位助理帮助他实现了不错的搜索结果———一段时间之后，业内的其他网站请这名医生以游客身份进行留言。

　　这名医生很喜欢用游客的身份发帖，因为这能强化诊所的品牌———这几乎是一种针对性很强的免费广告———可他收到的请求实在太多，来不及一一回复。于是他找到我们，想找一位虚拟编辑代笔。他的计划是，重点找一些能以游客身份发帖的网站，然后让身处菲律宾的虚拟编辑撰写文章。把写作任务抛给虚拟编辑之后，他就觉得自己既能发布大量游客帖又不会心力交瘁了。

　　从本质上来说，这个策略不错。但聘用海外虚拟员工并不能解决他的问题，他得自己动手写这些文章或在本地找人代笔。因为这些文章的目标读者是资金充裕的人群。撰写文章的人要能够真正理解读者的心态。而且，这些文章的目的是劝说读者选择他们的服务，因此文章读起来应该像是在该行业内有经验的人写的。

　　你要清楚，海外虚拟员工的文化背景与经历会影响到他的工作产出。这一点很重要。并不是说海外员工无法胜任或尚未受过教育，或是说他们不肯辛勤工作，但多数虚拟员工没有办法像企业家那样思考———他们只能从雇员的视角来考虑问题。也就是说，你可能比较习惯采用某种推销方式来与人沟通或进行劝说，但你不能指望虚拟助手用你那一套来完成同样的工作。

海外虚拟员工不适合所有人或业务

最近我在澳大利亚演讲时，一位当地的企业主来找我。他打算将自己在经营雪茄店时学到的专业知识变现，他创建了一个网站，销售各种有关雪茄的电子图书和音频课程。这显然是一个小众主题，需要专业的培训和知识，所以我告诉他，这主意不错并问他需要什么帮助。

他很沮丧，因为在将访客转变成顾客这个问题上，网站并未实现他的预期。虽然他将媒介购买外包了出去，网站的访问量很大，但每增加一位顾客所耗费的成本，或者说将访客转变成顾客的成本实在太高，他根本就赚不到钱。

负责为他打点这一切的是一家印度外包公司，他们囊括了编程、图形设计、产品创新、搜索引擎优化、撰写广告词以及付费广告管理等所有的活。因为这家外包公司比他收到的所有国内公司的报价都要低60％，所以一开始选择海外公司是明智的。可现在节省下来的钱已经没有意义了。他的网站效果很差，所以他希望我能在寻找一家新的外包公司或自己打造一支虚拟团队这个问题上给他一些建议。

我告诉他，仅仅通过更换服务提供商无法解决他的问题。问题就在于他把价格放在首位，却未能关注那些能让网站获得成功的岗位和技能。

应给予撰写广告词这类技能以特殊的关注，而且永远不要为了确保获得项目而将其与其他任务捆绑到一起。我之前就提过，在寻找像写作这种特殊技能时，你应该考虑的是你的受众，而不是你的钱包。

我们制定了一项策略，决定继续让那家印度公司处理像搜索引擎优化和网站开发这类技术任务，但图形设计工作交给一位全职的菲律宾虚拟员工来完成，所有与广告内容撰写和产品设计相关的工作都交由身处美国、能真正理解他的客户群的人来处理。

当你求助于外包的时候，应该常常问问自己下面这些问题：

● 这个决定会影响到我与受众及顾客间的关系吗？

● 之所以做出这个决定，是因为成本还是因为我想要实现某种结果？

一旦回答了这两个问题，你就能很快勾勒出一幅清晰的画面。你可能会意识到，有一些岗位和技能是无法交到海外员工手上的。聘请国内员工也许能让你更好地满足顾客需要，提供更好的客户体验。

作为一家拥有超过200名员工的大型公司的首席执行官，我自己就证明了这样一个事实，即要重视每一分钱。但我也学到了，有时太过于关注节省开支，从长远的角度来看，最终反而会增加成本。

就像我提到的那样，出于这个原因，我聘请了美国的虚拟员工来处理某些具体任务。外包并不等于将整个公司都挪到国外。在我这个例子中，身居菲律宾让我能将任务外包到美国，可这不是我经常能遇到的事，所以当我这么做的时候，就会觉得很值得。

客户支持是否例外？

　　很多企业主条件反射般地会想到要将客户支持外包到海外。只要你正在处理的是一款简单的产品或服务，而你的虚拟员工参考常见问题解答就能应付像回复服务记录、对话请求和电邮咨询这类任务，这么做就没有问题。可一旦涉及价格昂贵的服务，或者你的品牌在对待客户时走的是 VIP 路线，通过海外客服中心来为国内顾客提供服务，这个决定就不再符合你的最佳利益。

　　并不是因为他们缺少教育或是无法遵照你的指示。我说过，一个优秀的虚拟员工会竭尽所能来取悦你。但当购买了高端产品和服务的顾客致电客服中心时，他们寻找的是自信的、善解人意的个性化服务。

　　也许你的虚拟员工对顾客的经历感同身受，但他们的表现不可能超越你们在协议中的约定。这也就意味着，你的虚拟员工在处理顾客提出的问题时会表现出同情。这么做并没有什么错，可我们都知道，高端客户不仅仅希望客服能解决自己的问题，他们也想感觉到自己很特别。只有那些具备了特定心态和文化背景的人与他们进行有意义的对话，顾客才会觉得自己受到了重视。

　　美捷步（Zappos）将自己的客服中心设在内华达州的拉斯韦加斯。这家零售商让顾客感觉自己很特别。几年前，我去他们那里时，就被美捷步的企业文化深深震撼了。他们做的所有事情都围绕着一个目标，即确保每次互动都能让顾客大为赞赏。他们将这种服务做到了极致。虽然未打过草稿，但一位代表可能还是会与顾客聊上一小时的电话，在美捷步没有存货的情况下，帮助他们从竞争对手的网站上挑选鞋子。类似这些服务他们都做全了。因为他们知道，顾客会在自己这里获得超赞的体验，告诉自己的朋友，最终回来购买他们的产品。

这种电话以客户为中心，无法预演且通话时间很长，这是海外客服中心不可能做到的。话虽这么说——但如果你正在找一个外包目的地，那里的员工将取悦雇主摆到首要位置，或是你需要寻找掌握其他技能组合的虚拟员工，那么亚太地区的一系列岛屿还是值得关注的。

海外外包的推荐目的地

我的公司位于菲律宾宿雾市。它是菲律宾 GDP 排名第二的城市，被誉为南方皇后市。它位于菲律宾首府马尼拉的南面，搭乘航班大约一小时就能抵达马尼拉。我在菲律宾生活了 13 年，所以我可以通过自己的经验告诉你，菲律宾人很了不起。我和我的家人在这里生活得很愉快。

菲律宾人生性友好，工作勤勉并对雇主忠诚。简单地说，一提到从美国或其他英语国家向国外外包任务，菲律宾就成了外包的推荐目的地。它涵盖了从客服到境外营销拓展，从线上营销到网站设计和开发在内的所有领域。

1898 年美西战争之后，西班牙将菲律宾转让给了美国。美国为此向西班牙支付了 2 000 万美元，之后菲律宾成为美国领土。

1942—1944 年间，日本占领了菲律宾。1945 年，美国重新夺回了菲律宾的控制权。1946 年，菲律宾独立。

我之所以与你分享这段历史就是为了让你洞悉是什么塑造了菲律宾人民、他们的文化、生活方式以及他们自立的价值观。

从文化的角度来说，菲律宾受到西方流行文化的深刻影响。许多菲律宾人喜欢紧跟最新的潮流和名人的动态。但在菲律宾，西方的自由思想和"自己做主"的心态并不像洛杉矶或硅谷那样普遍。

菲律宾人口过亿，基督教、天主教、伊斯兰教是主要宗教。

作为一个经济体，工业化在菲律宾是新兴事物——这就意味着，它正在从一个农业化社会迈向以服务业和制造业为基础的社会。据估计，到 2050 年，菲律宾将成为世界上第 14 大经济体。那么，到底是什么促使菲律宾成为外包推荐目的地呢？

菲律宾为当地企业提供出色客服的历史源远流长，因此很容易就能转化成更大规模的杰出客服。大型跨国企业在菲律宾招聘了大量员工处理来自美国、英国和澳大利亚的顾客咨询与客服支持。在"语音"服务上，全球英语国家的公司都会转向菲律宾寻求外包支持。

当你将他们对客服的热忱与 Y 世代——一群最终将掌控天下的 20 来岁的人——渴求新鲜玩意、喜欢玩转科技的心态结合到一起，就能得到一系列技能与态度的组合，进而获得全球最出色的虚拟员工。

在菲律宾，大多数情况下，与你共事的人都热爱西方文化，有着强烈的职业道德、重视有保障的雇佣关系、警惕创业的风险。你也可能会与宗教信仰根深蒂固并因此竭尽全力保持诚实、维护自身名誉的人一起工作。你的虚拟员工可能是家里最主要的收入来源（多数家庭只有一个人外出挣钱）。他们会想要取悦你，以保证自己的收入"安然无恙"。

最佳实践 | 菲奥娜·刘易斯
电商企业主　Super Savvy Business

2008 年，菲奥娜·刘易斯（Fiona Lewis）开始了自己的职业生涯，当时她是一名网络推手。短短几年之后，她在 2012 年利用自己掌握的知识，创办了 MumPreneursOnline.com，一家旨在为妈妈们指明道路，帮助她们在家里创办线上企业的网站。同年，菲奥娜出版了自己的第一本书，《揭秘网络妈妈企业家》(*Mumpreneures Online：Exposed*)，也推出了自己的首个会员培训网站——Mentoring Mums Online。

没过多久，菲奥娜就发现，作为一位企业家，她忙得不可开交，无法维持最新的在线状态。满足企业不断发展的需求和尽力实现客户满意都变成艰巨的任务，让她无暇顾及其他需要做的事。

必须做出一些改变。

为何选择虚拟员工？

意识到这一点之后，菲奥娜创办了 SuperSavvyBusiness.com。这个网站只有一个目标：帮助超负荷的企业家保持最新的在线状态。

2008 年企业创办之初，菲奥娜很快就意识到，自己需要施展分身术才能使一切井井有条并保持公司正常运转。她经常做一些可以并应该由别人来完成的工作，这让她无法全身心扑在寻找企业的赚钱之道上。从那时起，菲奥娜开始考虑，像其他成功的营销人员一样，利用一项"秘密"实践——与虚拟员工共事来获取优势。

在网络营销领域，菲奥娜身边几乎所有的人都开始外包，因此转型对一个亟需解决工作超载的女企业家来说十分自然。她的企业仍处于发展初期，有时还会捉襟见肘，因此，选择海外员工对她来说更为实际。

菲奥娜的障碍

离岸外包的世界里存在很多隐患。菲奥娜是该领域的菜鸟，她没有意识到，自己对即将踏上的这条路所知甚少。

在没有同行或良师益友为她指明方向，向她提供指导的情况下，她就跳进了外包世界，所以挫折接踵而来。最后，在学习过程中，她的花销超出了自己的预计。因为不懂如何管理那些伸手够不到的员工，不少最初招聘进来的员工纷纷离职。

但韧性与对商业天生的悟性帮助菲奥娜克服了自己的困难。下面的最佳实践就证明了她的成功。

菲奥娜的最佳实践

● 寻找技能和个人价值。最初在招聘时，菲奥娜看重的是技能。她并未意识到，仅仅有技能是不够的。最后，她终于明白，就算有人具备自己想在一位虚拟员工身上寻找的所有技能，但如果他缺少自己十分推崇的诚实、准时以及组织纪律性等个人特质，就不适合自己的公司。

● 寻找发光的金子——理解其价值。当你在一位虚拟员工身上发现了真正的才干之后，一定要尽力留住他。不论是提供额外的金钱奖励，还是升职，一定要尽全力留住这位有天赋的宝贵员工。

● 如果聘用的岗位是你不熟悉的领域，就请一家外包公司。请一家职业外包公司来为你挑选、测试求职者，能让自己避免一大堆令人头疼和遗憾的事。

● 经常召开面对面的会议。幸亏有了谷歌视频群聊，每周一菲奥娜的团队都会开一次例会。她身处澳大利亚，而虚拟团队则在菲律宾。他们之间不存在时区问题，因为两个国家只相差几个小时。他们在会前就已经安排好了会议事项，这样，每位团队成员都知道今天的议题是什么。这些团队会议不仅对提高工作效率来说很重要，而且能营造十分宝贵的团队一致性。这是全职员工能聚到一起的唯一时段，简单的交流策略会使团队的士气大幅提高。

● 创建90天行动计划。每个季度开始之初，菲奥娜会与团队共享一份90天行动计划，以便使大家在企业方向上保持一致的目标与预期。然后她要求每位成员制定自己的90天行动计划，列出自己必须专注去完成的五项能推动企业向前发展的主要任务。这让每位成员都能从自己的角度出发，采取积极主动的方式来推动企业前进，并且让成功真正成为整个团队努力的结果。

● 提供培训机会。只要能支持企业发展、有助于实现目前的

90 天计划，每位成员都有机会在某个具体领域内接受培训。这是团队领导与发展中的重要因素。菲奥娜为团队成员支付培训期间费用，虚拟员工个人的职业发展会因此受益，而企业也因为有了训练有素的员工能够获得更好的发展。

菲奥娜使用的工具

下面是菲奥娜与虚拟员工一同工作时最常使用的工具：

● 谷歌云盘（Google. com/drive）：有了这项云存储服务，所有的文档都能存储在同一个位置，因此只会有一个最新版本。团队各成员可以根据需要，便捷地共享、修改文档。谷歌云盘的最大优点就在于，任何人都能在任何地方实时就同一份文档开展合作。对于在全球范围内开展业务而言，这是一个完美的工具。

● 谷歌视频群聊（Google. com/hangouts）：与 Skype 类似，谷歌视频群聊能让你与多人（不超过十人）进行视频聊天。同时，参与聊天的人还能便捷地处理谷歌云盘上的文档。这是真正实现多任务处理的最好的模式！

● 谷歌协作平台（Google. com/sites）：这款基于云端的应用在本质上能让你创建一个企业内网，记录系统和流程。只有你想不到的，没有它实现不了的。

● Snagit（Techsmith/Snagit）：如果你认同菲奥娜将所有的公司内部流程都系统化这一理念，拥有能让你简单地创建这些系统的工具就显得十分重要了。Snagit 是一款极妙的屏幕捕捉软件，能将你在电脑屏幕上看到的图像或视频捕捉下来，在增加效果后共享给任何人。

尽管员工分散在许多国家，但通过这些简单的管理贴士和工具，菲奥娜成功创建了一个统一的社区。然而成就她成功的最终原因却是 Super Savvy Business 的员工们。菲奥娜说："要是没有虚拟员工，我绝对不可能这么迅速、高效地建立起自己的企业。"

在与菲律宾虚拟员工共事时，企业家会遇到的最大绊脚石之一就是，传统与文化会影响员工处理事务的方式。你一定要亲自去设法理解那些指导虚拟员工思维过程的文化与社会因素。为了帮助你了解虚拟员工，我归纳了下面的内容。与菲律宾员工一同工作时，要记住这五点。这样，你们双方才能保持较高的生产效率。

菲律宾人为了养家糊口才选择做虚拟员工

多数菲律宾人并不是因为想成为企业家或是怀着当老板的梦想才来当虚拟员工的。他们做出这个决定是为了养家糊口。他们手头很紧，而且可能已将你承诺过的工资预支出去。这也就意味着，如果你不能按时支付工资，就会严重影响到他们的生活。这笔钱对你来说也许不算什么，但却是他们的生计。

就算你的公司周转不灵，也一定要保证按时支付工资。这是头等重要的大事。你最不想出现的状况就是失去一位值得信赖的虚拟员工的信任，让他另谋高就。

多数菲律宾人与一众亲戚住在一起

就算他们有孩子或自己的家庭，多数菲律宾人仍与自己的父母住在一起。你能预见到一大屋子的孩子、表亲，有时还有叔叔和阿姨挤在一起。只要不影响工作效率，也就无所谓。

在家里工作的虚拟员工应该具备适当的工作台和可靠的网络连接，并且在家里辟出一块专门的工作区。最好能有一个独立的房间，不过有一片空间放下一张桌子，摆上一台电脑也就够了。我建议你问问你的员工他们家里的情况，这可以建立起亲密的关系，也能弄清他是不是有足够的工作空间。这能为你们之间的关系定下正确的基调，尽早在面试阶段就开始这一环节。菲律宾人喜欢谈论他们的家庭，所以不用担心他们会因为你问了这些问题而觉得你很冒昧。放心去问吧！

菲律宾人不喜欢争执

菲律宾人会不惜一切代价来避免争执。你延迟支付工资时，他们可能会很安静地接受。对于你带领项目前进的方向，他们会避免发表反对意见。你火冒三丈，大吼大叫时，他们也会不吭一声，尽管事实上他们会认为你的咆哮针对的是自己，并觉得自己做了什么让你不安的事。

在通过 Skype 与虚拟员工交流时，要留意你使用的语言和语气。在邮件中将整个单词用大写字母拼写（他们会认为你是在冲着他们大吼）时，也要小心，尤其是在指出他们犯的错误时。菲律宾员工经常会把这些事情看成是针对他们的行为，他们的感情会因此受到伤害。压抑的不满最终会导致工作效率下降。

菲律宾人很传统

菲律宾人非常重视传统，不会把工作看得比那些重要节日还要紧。绝大多数菲律宾人都是天主教徒，我在下面列出了他们的节日。你应该留意他们想要庆祝的特殊的家庭聚会或文化节日——这些日期可能会不断变动。你会发现，当那一天到来时，他们会让你注意到的。

下面是你的虚拟员工可能会庆祝的节日。在为大型项目制定计划时，要把这些节日考虑进去——如果他们是全职员工，我强烈建议你在这些日子里为他们安排带薪假期：

- 1 月 1 日——元旦
- 4 月 9 日——巴丹日①
- 5 月 1 日——劳动节
- 6 月 12 日——独立日②
- 8 月的最后一个星期天——国家英雄日③
- 11 月 1 日——万圣节
- 11 月 30 日——博尼法西奥日④
- 12 月 25 日——圣诞节

———————

① 缅怀在第二次世界大战中为保卫菲律宾而牺牲的战士的节日，每逢此日向他们致哀。

② 即国庆节。

③ 纪念为了推翻殖民统治，争取国家独立而牺牲的菲律宾民族英雄。

④ 为纪念"菲律宾革命之父"安德烈斯·博尼法西奥而设立的节日。他打响了武装反抗西班牙殖民者的第一枪。

- 12 月 30 日—— 黎刹节①
- 12 月 31 日——除夕

下面是菲律宾政府规定的特殊假期：

- 濯足节（耶稣受难日②的前一天）
- 耶稣受难日
- 8 月 23 日或是最接近 8 月 31 日的日子——阿基诺③纪念日
- 12 月 24 日（特殊的假日）

另一种制定假期计划的方法是采取更坚决的方式，让你的员工们知道，"我是老板，我就这样安排!"通常，我建议客户们自己安排时间，这样他们的虚拟员工就能按照客户的日历来工作。这就意味着，对一家美国公司而言，它的员工在美国假期也能放假——即便这一天不是菲律宾当地的节日；但如果碰上哪一天是菲律宾假日而非美国节日，他们仍旧需要工作。

多数情况下，这一招都很奏效。但我还是建议你在涉及宗教节日时，把规则放宽一些。作为一项经验法则，你不应该干涉他们的宗教习俗。

现金是最好的礼物——虚拟员工会对你感激涕零

馈赠一份礼物给某人是向其表达感激之情的一种很好的方

---

① 这一天是菲律宾著名的民族英雄、文学家、诗人、思想家何塞·黎刹（Jose Rizal）的殉难纪念日。

② 复活节前的星期五。

③ 尼诺·阿基诺（Ninoy Aquino）是反对马科斯独裁的反对党领袖，在 1983 年被暗杀。

法。但如果你想给自己的菲律宾虚拟员工一份礼物，那就给现金吧（要么发放到工资里，要么通过西联汇款，给他一个惊喜）。别担心——这不会显得俗气或是你很懒。事实上，这会对虚拟员工对你和公司的态度产生很大影响。

像家居维修之类的开销不会出现在虚拟员工的每月预算中，因此，他们可能要靠额外收入来支付这些费用。当你给他们一份现金大礼时，就是在帮他们一家人，这比送他们一些小玩意或是礼品卡带来的影响更大。事实上，菲律宾人对此有种说法——utang na loob，意思是"人情债"。

当你送出一份意料之外的礼物时，你的虚拟员工可能会觉得他欠了你一个人情。虽然这并不是你的初衷，但很有可能发生，所以不要拒绝你的员工想额外为你做的事，就把它当成礼尚往来的一部分。

最佳实践 | 保罗·霍兰德
电商 VideoTise

在影视圈工作了 12 年之后，保罗·霍兰德（Paul Holland）幻想破灭，并对自己的职业发展方向感到不满。不仅是不满，他发现为了一些自己根本就不相信的项目，他要加班到深夜，甚至连周末都搭进去了。这浇灭了他对自己曾经热爱的工作的热情。

保罗决定结束在新西兰的生活，前往澳大利亚昆士兰的黄金海岸，只为一个目的：全身心投入一个令他满意的新公司。

接下来，这位小企业主磕磕碰碰地过了四年，最后决定重操旧业，回归自己曾热爱过的行业——视频处理。但这一次，保罗打算遵循自己的方式，所以他创办了一家公司。他的时机选得很妙，因为那时，YouTube 这个平台正在被全世界所熟知。

尽管多数线上企业主以及一些实体业主承认，他们必须使用视频作为一种营销方式，但多数人并不知道如何制作一段既能引起人们关注，又能让他们掏腰包的视频。这时，保罗的公司 VideoTise 就有了用武之地。

到了 2011 年，一切都走上正轨。越来越多的客户开始请 VideoTise 处理与图形有关的工作。几乎与此同时，动画资讯片日益受到追捧。保罗需要增加人手来满足公司需求。此时，他陷入了从本地还是国外聘用员工的两难境地。

为何选择虚拟员工？

保罗知道自己想要何种工作风格，并发现海外动画设计师与他在国内能够找到的雇员水平在伯仲之间。考虑到外包的费用只相当于国内员工工资的一小部分，他的选择就很明确了：聘用海外员工。

"对我的公司来说，聘用虚拟员工带来的影响令人惊喜。"保罗说，"与我单枪匹马时相比，我能接更多的工作，也能开始关注企业的其他重要方面——销售和营销，这带来了更多的业务。"

有时，外包还能创造本地工作岗位，保罗就做到了这一点。因为虚拟团队让他有更多时间关注销售与营销，这样他就能得到更多业务和营业额来雇用本地员工。

一个拥有强大员工、高速运转的企业带来了不可思议的自由。这是保罗转而使用虚拟员工的一个非常重要的原因。就在最近，保罗和妻子搭乘邮轮去斐济和新西兰旅游。别的企业主可能会担心，在自己离开期间，公司的生产力会下降，可在 Video-Tise 一切如常。保罗的团队在完成他上传至 Mindjet——一个项目管理工具——的任务时，依旧保持积极主动。

保罗的障碍

在保罗的虚拟员工之路上，遇到的最大障碍是面试和选择虚拟员工。很快，不断浏览简历和个人档案的过程本身就变成一个巨大的项目。再加上保罗这些年听别人提起过他们在外包行业中的恐怖经历，他一开始在选择聘请虚拟团队时十分谨慎。

保罗开始极度依赖线上资源，克服了自己对于聘用虚拟员工的恐惧。通过博客和其他线上媒体，保罗在应该问哪些问题、应该在求职者身上寻找哪些品质等方面得到了一些很好的建议。但事后回想起来，他觉得自己本该让外包服务来"卖力表现"，因为浏览所有申请、面试求职者以及最后抽时间来招聘花了他太多的时间。

现在，保罗聘请了三位菲律宾虚拟员工——一位综合助理以及两位视频和图形编辑，他们帮助 VideoTise 进一步向前发展。

保罗的最佳实践

● 像对待办公室里的雇员那样对待虚拟员工。即使虚拟团队离你很远，也不能将他们和你在国内聘用的员工区别对待。这就意味着，帮助他们庆生并认可他们做出的特殊贡献很重要。保罗回忆说，当一位雇员的显示器烧坏后，自己给了他 100 美元让他再买一台新的。虽然这笔钱不是个大数目，却相当于这位员工正常周薪的一半。

● 开一场比萨饼派对。保罗建议你开一场比萨饼派对，这是一种有趣、放松的方式，能告诉雇员你很关心他们。保罗会时不时给他们发一些额外的工资，让他们登录 Skype 进行群组聊天。没有什么能像在每周中间的那天开一场比萨饼派对更能激励员工了。

● 如果你打算把他们当成一支团队，就要像团队那样行动。保罗说："关键是要把他们都纳入进来，让他们觉得自己是团队的一员，这样他们就会用忠诚和辛勤工作来回报你。"保罗概括得很到位。

保罗使用的工具

下面是保罗每天与虚拟员工一同工作时最常使用的三种工具：

● Skype（Skype.com）：这款视频通话程序现在家喻户晓。为了充分利用 Skype 的优势，保罗建议你注册一个高级账户。高级账户价格不贵，能让你同时与多方召开电话会议——对于一家员工分布在各地的公司来说，这是必备的。

● Mindjet（MindJet.com）：保罗说，不论你选择了哪一个项目管理系统，Mindjet 都是必备工具。他现在正在用 Mindjet，这款软件对他的公司产生了重要影响。他再也不用担心重要的电邮会淹没在杂乱无章的收件箱里了。该系统对保罗来说尤为有用，因为他的业务在很大程度上依赖于编辑以及大量的邮件往来。所有项目都需要进行合作。

● Jing（Techsmith. com/Jing）：经验告诉保罗，如果虚拟员工能切实看到项目正在完成，学习起来就会更快。所以他现在使用屏幕截图技术来向员工展示自己正在寻找的效果是什么样的。他也发现，这些视频能建立起一个培训素材库，可以在以后的项目中用作参考，还能拿来培训新的虚拟员工。

保罗的虚拟团队在企业的发展过程中起到了重要的作用。他明白了，不断努力培养忠诚与协同效应最终会带来利益。他正打算推出一款新的产品，并把它当成团队共同发展的良机。

有关在外包时选择本地员工还是海外员工的争论还会延续下去。

作为一位小企业主，你在决定到底是将外包任务指派给国内还是国外员工时，要考虑像企业文化的兼容性、物流中心的选址以及价格等因素。还要记住，你的重点是保证工作质量，而不是根据所谓的专家意见来尝试那些或对或错的事。

一旦明白了自己现在的处境和今后的发展前景，对公司和客户最有利的选择就是正确的。做决定时，不要被你在媒体上读到的文章或朋友告诉你的事所左右。不论你的虚拟员工来自何方，最终将这些世界级人才的能力变现才是真正重要的事。

第五章

打造高效能虚拟团队

打造一支高效的虚拟团队要花费很多时间，并且要在反复实验后才能掌握这项技能。可这绝对是一项值得掌握的技能。技能就是资本。尽管一开始看起来，投入虚拟项目的工作可能要多过你的收获，可是别担心，你的辛勤工作总会得到回报。

在开始打造团队之前，让我们快速回顾一遍使用虚拟员工最基本的原则——从岗位而不是任务的角度来考虑问题。任务型心态会让你陷入无尽的怪圈，即从像 oDesk 或是 Elance 等虚拟平台上聘请虚拟员工，每次接到新任务又回来重新招人。你最不愿出现的情况就是身陷耗时费力的寻找自由职业者的怪圈：不断写招聘广告，收到潮水般的应聘邮件。往往一个职位的广告就能带来数十份甚至是数百份回复。在重新经历这一切之前，抓住机会招聘新员工。

招聘员工时，你还得从团队建设的角度来考虑。也就是说，要寻找那些能成为企业长期资产的人。

本章将着重关注与打造一支虚拟团队相关的概念——回顾第一章中对各类员工的概述——以及这些能为你的工作带来什么。我们会讨论下列问题：

- 整合不同岗位的虚拟员工（招聘兼职或全职员工，让他们融入公司）；

- 设定团队目标很重要；
- 交流有助于虚拟员工获得归属感；
- 创建社交网络；
- 虚拟项目经理。

我们先谈谈如何让每种虚拟员工都能融入团队，使之发展成为一个具有较高工作效率的引擎，获得我们之前提过的那种自由。

整合不同岗位虚拟员工开展合作

每位虚拟员工都像是一件专门的工具，并不是所有工作都需要用到相同的工具。所以，理解每一个岗位及其在团队中的运转方式十分重要。

让我们将你的团队分解成我们在第一章展示过的虚拟员工的主要岗位：

- 综合助理；
- 网站开发工程师；
- 图形设计师；
- 搜索引擎优化师/网络营销助理；
- 内容编辑；
- 视频编辑；
- 应用程序开发师。

我们一如既往地从综合助理开始。

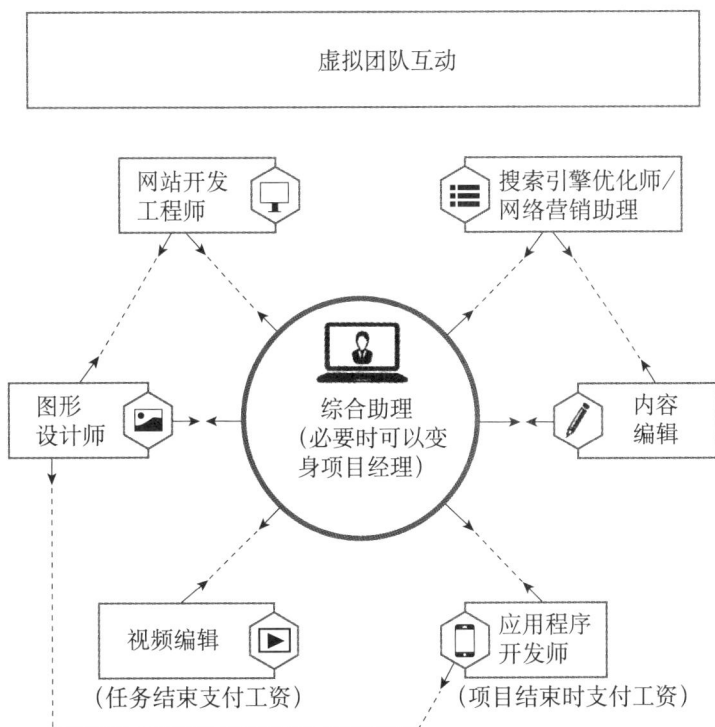

综合助理

　　记住，这种虚拟员工是每个创办的企业都应该聘请的。这些小小的超级明星为你节省下的时间是一笔无比珍贵的财富。

招聘小贴士

　　为了能找到一位高素质的综合助理，等待是值得的。通常，我所见过的最好的综合助理是那些希望贴补家用而在家里办公的妈妈们。

● 招聘广告要大量使用要点句式，列出该岗位需要经常完成的每项任务。

● 试用期 30 天，借此考察此人是否合适。不要强迫自己与那些沟通起来很费劲的人一起工作。你与综合助理间应该形成一种自然、愉快的关系。

● 如果你选择和处于同一时区的人一同工作，你就可以在有任务时打电话给他而不是发送电邮了。我建议你上 Craigslist (Craigslist. org) 看看。国内综合助理的工资要比海外助理高，但你可以试试聘用本地员工，例如，那些曾在职场打拼，但现在正在转变生活方式的人。

何时转为全职

如果你觉得自己不需要全职员工，那我建议你聘请兼职员工，每周工作 10～20 小时，这样你就能适应与新的综合助理的合作，并对他是否称职做出评估。随着你交给他的任务逐渐增多，该岗位会逐渐转成一个全职岗位。还记得你的自由三清单吗？把它们找出来，花点时间编写这些清单——会有用的！

有效使用综合助理的秘诀就是，永远也不要做应该由他们来处理的工作。常常问问自己："这个工作该由我来做吗？还是说应该交给综合助理？"

纳入团队

综合助理是一个独特的岗位，因为他的工作就是协助你，所以并不属于一个特定的类别。但你也能把综合助理当成项目经理来用。例如，假设现在有两名综合助理在合作创建一本电子书。该项目涉及内容编辑与图形设计师。前者负责撰写电子书，后者则将对内容进行排版，并设计封面。

项目开始前，你可以让综合助理去亚马逊上调研同一话题的畅销书。在同一封邮件中，让他给搜索引擎助理发消息，通知其就指向某一趋势的具体话题进行关键词搜索。综合助理会负责回复一封邮件，在其中列出亚马逊畅销书的链接，以及帮助你撰写提纲、推销电子书的关键词分析。

一旦方向确定，综合助理就能根据你希望内容编辑采纳的话题和提纲，给内容编辑发邮件。综合助理还会发邮件给图形设计师，告诉他书名和该类畅销书的链接。图形设计师的目标是设计出一些可与同类畅销书相媲美，但又不抄袭它们的东西。

这只是一个例子。随着时间的流逝，当综合助理融入团队后，就能建立起这样一个系统，它始于你发送给综合助理的一封简单邮件，终于寄给你的完工邮件。这是很激动人心的事。

网站开发工程师

要是你只知道哪些网站看上去感觉不错，而哪些网站乱得一团糟，就和我半斤八两。我是无所谓啦，你也应该这样。毕竟，我们是企业主，而不是网站开发工程师。

招聘小贴士

在聘请网站开发工程师的过程中最难的一点就是，你可能不知道完成项目需要用到哪些编程技能。如果你只是想找人建立一个简单的网站，那就很好办。你能很快在像 oDesk 或是 Elance 这样的自由职业者网站上找到人，让他们定制一个 Wordpress 网站。这需要用到 PHP 编码，并且——根据你需要的网页数量——会花费 50～500 美元不等。

但假如你想创建的是一个像交友网站那样复杂的网站，那么首先，你要找到三至五个现有网站，它们具备你想实现的所有功能。然后，你可以在求职网站上发布广告或通过招聘机构写好一份职位描述文件，在其中列出这些例子，要求应聘者提供下列信息：

- 完成这项工作需要具备的技能列表；
- 曾完成过的两个类似项目；
- 最具竞争力的报价或期望的月薪；
- 在对项目有了一定了解后，你的建议（我很喜欢让他们回答这一项，因为这能让人们在真正被雇用之前就开始想着如何为你工作）。

你应该能根据这些材料推断出要与谁一同合作了。

何时转为全职

多数虚拟老板自己不懂编程，所以与网站开发工程师一同工作可能不会像其他岗位那么简单。根据你的企业模式，你可能只需要在有项目时才聘请网站开发工程师。因此，只有当他们为你创建新网站或更新现有网站时，你们才可能会共事。

如果你真的需要一个全职开发工程师，你很快就会知道。但你可能会遇到意想不到的困难。一直以项目为基础与你合作的网站开发工程师也许并不愿意或是无法成为你团队中的全职员工。这就意味着，你得从零开始。话虽这么说，你总要去问问他，问了以后，也许就能将他纳入团队之中。这总比你发现，他之所以最后跟了别的队伍，是因为别人开口问了要好。

纳入团队

网站开发工程师最终将听从你的指挥。但他也必须经常与图形设计师沟通，以便获取图形、标题和任何完成该项目所需的定制图像的素材。

图形设计师

有了网站开发工程师，你可能不需要马上聘请一位全职的图形设计师。但如果你正在发展的线上企业模式最终会转变为全职网络公司，那么有很大的可能，你的团队会在某个阶段需要一位全职的图形设计师。

招聘小贴士

国内该岗位的薪酬不菲，可一旦你向海外外包任务时就会惊喜地发现，你能找到收费较低而又身怀绝技的人才。记住下面的诀窍：

● 请他提供过去的作品集，并完成几个测试项目，以确定该设计师是否能设计出你想要的效果。

● 信息图现在大热，一位能设计出具有高度创造力并随时可用的信息图的设计师的身上有很多东西值得称道。让他完成这样一项任务，看看他是否具备这种能力。

● 确保你请来帮自己处理设计任务的设计师手上已经有了需要的所有软件。软件的价格可能会有些吓人，你不应该一开始就为设计师正在使用的软件付钱。最好找一些已经在这些必备软件上做了投资的人来完成这些工作。

何时转为全职

除非你需要经常创建图形，否则这类岗位很少会转为全职。但如果需要经常进行平面设计工作，你就应该认真考虑一下聘请一位全职员工——即便他可能会时不时地有几天没活干。

因为我的线上活动越来越活跃，所以我最近毅然决定首次聘请一位全职图形设计师。到目前为止，这个决定还是很正确的，但如果六个月前就这样做，可能就早了一些。

纳入团队

我之前提到过，我建议你在图形设计师和网站开发工程师间建立起联系。这样一来，网站开发工程师就能直接要求图形设计师根据自己的要求设计图形、图标和按钮。

我还得再加一句，如果你已经聘用了其中之一，并想再聘请一位，就请他也参与到另一位团队成员的招聘工作中来。这是对其工作的表扬，显示出你很欣赏并重视他的投入。因为网站开发工程师和图形设计师将会紧密合作，让其中一人帮助你挑选另一个人是讲得通的。但如果让他过度参与到招聘过程中来，对企业来说反而是有害的。他是你的雇员，不是你的合作伙伴，不要忘了这一点。你要给他机会让他承担起这种责任，但要确保最后的决定权在你手上。你不希望自己的虚拟员工最后把你觉得最适合这个岗位和公司的人选否决掉吧。

在开发师与设计师的关系中存在着各种机动的成分，所以你可能会想去监控最初他们之间的合作状态。我建议你通过项目管理系统来启动项目，这样你就能偶尔上去看看项目的进展情况了。一两个项目之后，他们可能更愿意转用电邮以及 Dropbox 来共享文档和想法。

搜索引擎优化师/网络营销助理

多数小企业主都不太擅长搜索引擎优化。我第一次在网络上变得很活跃时就知道自己在这方面不行。但是，读一些书，自学一点知识，这一块内容就会变得很简单。你也对其有个大致了解。你需要知道的最基本的事情是，搜索引擎优化师会帮你优化网站，让它出现在谷歌及其他主要搜索引擎搜索结果的前列。

招聘小贴士

一旦开始面试，就一定要他们提供之前处理、优化过的网站的作品集。

● 在谷歌页面键入几个相关的关键词，看看他的网站链接做得怎么样。例如，假设他曾为一家位于洛杉矶的滑板店做过网站优化，那你就可以输入"洛杉矶滑板店"，然后看看这家商店在搜索结果中的排名。

- 如果他已经在这一行干过一段时间，就一定会给你出具一份报告，列出一些他已经处理过的主关键词和次关键词的改进状况。
- 搜索引擎优化这一领域变化很快。你必须了解他们是如何让自己跟上市场与行业的变化的。

何时转为全职

当你开始关注企业在网上的发展时，可能就是聘请一位全职搜索引擎优化助理的好时机。

你应该将这项营销策略看成水管工在当地报纸上刊登的广告——他要经常打广告，这样才会一直有人前来咨询。一旦开始优化网站，就停不下来了。你对网站做出的任何变动都会影响到搜索引擎助理的决定。就算你什么改变也不做，搜索引擎行业也在不断地进化。简单地说，如果你不再关心搜索引擎优化的事，网站的流量就会下降，你的领先优势就会开始减少。在开始搜索引擎优化之前，你应该先了解这一项必须持续跟进的营销策略。

纳入团队

团队中的这位成员将会与内容编辑紧密合作。搜索引擎助理首先会搜索你所在行业的关键词，确定能带来最大流量的相关搜索项，然后将这份列表交给内容编辑。编辑将自己写好的文章发给你或项目经理（我们很快就要聘请一位了），等待获得你们最后的认可。然后，他会把文章发给网站开发工程师，让他将文章发布到网站上。

他也可能经常会就 YouTube 视频及其他在线内容的营销理

念与综合助理展开合作。

内容编辑

一提到全职内容编辑，你需要确保的是你找到的人很靠谱。全职写作是一门朴实又简单的艺术。如果有人要每天为你撰写文章，就需要对你的企业和所处的行业拥有热情。他也必须有能力进行自我激励——你需要在所有的团队成员身上寻找这种品质！

招聘小贴士

不论你打算聘用一位海外编辑还是国内编辑，我都建议你遵照下面这些建议：

● 请他提供三篇作品的样章，然后问问自己，"他写得通俗易懂吗?""这种风格能吸引目标客户吗?"

● 请他就自己最近看过的电影写一篇 300 字的文章，并解释为何你也必须看看这部电影。这个简单的活动能让你看出他在描写和劝说方面的能力。

● 要留意那些为了能让自己看起来满腹经纶而过度使用"大词"的人。我保证，这本书里可没多少这种"大词"！

要是你最后真的聘请了一位海外编辑，我还有一条贴士要送给你：如果你们在合作开发像电子书或在线系列文章这种用来营销某个在线产品的大项目，在内容发布前先在国内请人校对一下，这样能消除文章中那些不自然的地方——这会比聘用国内编辑便宜很多。这个办法能让你集两个世界的精华，这也是我自己在处理营销材料时经常采用的方法。

何时转为全职

如果你的商业模式横跨多个市场并在线销售信息产品，你就需要尽早聘请一位全职的内容编辑。

就算你的商业模式不是这样，我也建议你每月请一位作者或编辑来检查一下自己的工作。有些企业家认为，一些打字错误和简单的语法错误不需要兴师动众地花钱请人来查，但我不是这么想的——尤其是当你想在业内打响名头时。你的潜在顾客正在寻找无法相信你的由头，为什么要让他们抓到把柄呢？

纳入团队

下面是我推荐的内容编辑的工作流程：

第一步，编辑收到一份谷歌云盘文档，里面列出了一系列的主题及交稿日期。这些都是你或某个团队成员，如搜索引擎助理或综合助理完成的。

第二步，编辑将写好的文章发给综合助理，由综合助理将文档及配图上传至需要发布的网站。在获得你的批准之后，正式上线。

第三步，综合助理更新由你创建的那份列出了主题和日期的谷歌云盘文档，标明哪些业已"发布"，而哪些即将发布。如果作者未能按时交稿，综合助理会给他发送一份电邮并抄送给你。

视频编辑

有很多线上视频编辑工具，如 Animoto（Animoto.com）。它能让你制作出引人入胜的视频而不花一分钱。你也可以购买这些工具的高级版，以获取更多资源，制作出更长的视频。这些工具用起来很有趣，但小心别陷进去，全靠自己来制作视频。你很容易花上整整一天时间来编辑一段三分钟的视频。这个过程可能充满乐趣，可你要记住，作为老板，最好把时间用在别的地方。

招聘小贴士

视频编辑的水平与他的简历或毕业学校无关。你应该完全通过他们制作的视频效果来做出决定。记住下面的窍门：

- 请他们提供自己的作品集。
- 看一看他们的作品是否和你打算实现的效果相符。如果你想要为自己的在线视频找一个人来制作文本动画，那么就算找到了一位十分出色的短片制作人也没什么用。
- 如果你通过发布招聘广告的方式来寻找视频编辑，就会收到很多申请。我建议让综合助理或是项目经理来浏览所有的申请，淘汰掉那些没有提供作品样本或是其作品与你想要的风格不符的人。
- 直接找一位编辑合作，而不要从那些旗下有很多编辑的公司中选人。这能让你与视频编辑建立起直接关系，以后能将其发展成你的全职员工。
- 寻找那些已经花了时间和金钱来发展你所需编辑技能的人。这种程度的投入是这类岗位的一大优良品质。

何时转为全职

这完全取决于你的企业策略中所需的视频数量。请记住，视频编辑远比创建情节串联图板、撰写脚本然后再进行拍摄要耗时。就算你的视频编辑一个月只有三四个编辑任务，那也够他忙的了。

应该何时从以项目为基础聘请视频编辑转换成聘用全职员工，没有什么绝对的经验法则。通常，视频编辑的工作时间会慢慢地增长。

我建议你与多个视频编辑一同合作。如果其中一人未能完成任务，或是因个人或家庭紧急事件必须将任务搁置到一边，你还有替补人选。如果需要经常创建视频内容，替补编辑就是天赐之物——相信我，这是经验之谈。

纳入团队

我喜欢在线视频，也制作了很多。考虑到这一点，我会告诉你我的视频编辑是如何融入团队的。

第一步，作为一个内容制作商，我负责拍摄视频，然后通过Dropbox传给视频助理。

第二步，他根据我们事先约定的指导原则和标准来编辑视频。然后将低分辨率版本上传到 Dropbox，供我审核。待我通过之后，再输出全高清版。

第三步，最后，综合助理接收视频，上传至 YouTube，将其嵌入一篇博文，发表文章供人观看。

棒极了吧？如果我想再上升一个层次，内容编辑就会将视频文本转录下来。这样我就能将该文本当成一篇独立的博文来用，把它放到一本电子书中，或是将来用在幻灯片里。

我们在谈论的是如何创建具有可变用途的内容，它能让你将一条内容转换成多媒体形式。不论客户喜欢哪一种，总能找到他所需要的。我们会在下一章充分讨论这个想法。你会爱上它的!

应用程序开发师

有关这个岗位，你需要记住的最重要的一点就是，创建移动应用程序远不止把它制作出来这么简单。你还要把它提交给一家应用程序商店或加入一个主题目录，然后上传新内容，隔一段时间更新一下应用程序。

招聘小贴士

与网页设计很类似，很多企业主完全不了解一个应用程序的制作流程，因此，要确保你打算聘请的人有真才实学，尤其要看一看他为别人做的程序，空谈不如实践。

- 确保他至少已经设计、创建并将不少应用程序推销给了公众。
- 试一试这些应用程序。下载程序——就算那些是付费程序——感受一下用户使用体验。
- 在朋友间问一圈，看看你认识的朋友里有没有什么人可以推荐。

何时转为全职

除非你想创建的是一家应用程序开发公司，否则应用程序设计师就可以是一个以项目为基础的岗位。你可以在逐个处理的基础上进行持续的维护和更新。也就是说，你可以根据需要与一位开发师合作，或在不同时期与不同人合作，借以感受他们各自的工作和你应该前进的方向。

纳入团队

除了你之外，应用程序开发师只需要经常和图形设计师交流就可以了。他们会共同工作，确定应用程序的终端用户看到的程序是什么样子的。线框图能概括出终端用户将如何使用这款应用程序。根据该图，所有的计划工作都必须由应用程序开发师、你或项目经理来处理。

企业家刘易斯·豪斯（Lewis Howes）以前是一位职业运动员，现在是一位播客、演说家、创业教练和内容创建者。他在委派任务这一方面做得很完美。除了私人助理（实实在在跟在他身边工作的人），他只以项目为基础聘请员工。但正是因为他能将合适的人用在合适的工作中，才能使他收获如此好的工作效果。他的虚拟员工——不论是视频编辑、应用程序开发师、播客工程师还是网站开发工程师——总能像一个团队那样工作。正因为专注于为合适的岗位招聘合适的人选，刘易斯迅速蹿升为网络营销领域的明星，并赢得了大批线上粉丝。

最佳实践 | 内特·金斯伯格
数字游民　Onset LLC

让我们来认识一下内特·金斯伯格（Nate Ginsburg）吧，他自称是一位数字游民①。

———————————

① 指无需办公室等固定工作地点，而是利用技术手段，尤其是无线网络技术完成工作的人。

　　这个头衔可以追溯到他成为电商的早期。他一边实验了某些"命运多舛"的网络想法，想要找到被动收入的来源，一边游历世界，有了一些对外包的深入见解。

　　内特的首批顾客中，有一家整形网站。面对这样一个客户，他不知道如何编码，也没有时间撰写所有内容，因此就上 oDesk 寻找一些能帮他的人。在反复试验了几次之后，oDesk 成了内特在处理客户工作时的一个可行的选择。到后来，只要内特需要完成工作，就会跑到那里去。内特在寻找并聘用具有天赋的外包商这一方面颇有经验，这最终帮助他创办了一家网络营销服务公司，OnsetLLC.com。

　　作为一家公司，Onset 有自己的目标——实施创新、有效的网络营销活动，为客户创建利润中心。随着公司的发展，内特处理员工问题的方式也有所改进。他仍旧隔一段时间会上 oDesk 看看，可他现在已经建立起了自己的虚拟团队。团队成员在网页设计、网站开发、搜索引擎优化、点击付费广告、社交媒体以及应用程序开发等方面经常为他工作。

为何选择虚拟员工？

　　内特说："我绝不能低估和虚拟员工共事对公司产生的影响，它让我能进军网络营销领域。现在，我能很自信地承接各类项目，因为我知道，我能为自己无法处理的事情聘请到顶级人才。"

　　内特内心深处很清楚自己不是全能王。他擅长某些方面，会继续亲自处理客户的项目，但正是因为自己具备了指派工作、卸下不熟悉任务的能力，才使得招聘虚拟员工成为企业发展的重中之重。

内特的障碍

最初，内特遇到的最大障碍是，他不会写精确的岗位说明书，不知道应在求职者身上寻找何种令人满意的素质。

内特还感觉到，他在招聘网站上的雇主资料不充分，这也是一个障碍。雇主资料可以展示你的招聘历史和项目活动，目的通常是帮助虚拟雇员判断你是不是一位认真的雇主。一个快速创建这种历史的办法就是发布广告，招聘一些很快就能完成的小型任务的员工，像设计商标或转录等。内特已经是一位老到的雇主，开始只聘用顶级雇员。他公司发布的职位可谓炙手可热。现在，内特已经聘请虚拟员工来管理公司的 100 多份合同。

内特的最佳实践

下面是内特利用虚拟员工来简化流程、合理分配时间的一些方式：

● 将重复性任务分配出去。内特让自己的综合助理密切留意大约 12 家新闻单位发布的新闻。每天早上将头条新闻以要点句式的方式发给他。这不是一个复杂的工作，但要是靠自己来做就会很花时间。

● 知晓何时需要发展。内特需要完成的最大任务之一就是将一队各自为战的自由职业者转变成领取他的薪水、尽心为他工作的全职员工。内特会通过平衡工作量、困难程度，以及虚拟员工对截止日期的应对方式来评估他们何时需要开启又一次的急速发展，并采取相应行动。从财务以及企业发展的角度来说，具备发现发展契机的能力很重要。

● 向虚拟员工学习。内特有时会聘用那些拥有特殊技能的员工来教自己。例如，如果有客户要求内特使用谷歌关键字广告来管理项目，内特就会在 oDesk 上聘请一位顶级的关键字广告专家来仔细检查客户的每个广告，并教他一些如何进行优化的小技巧。这既有益于客户，也加速了自己完成学习曲线。

内特使用的工具

你已经见过前面这些工具了，而且还会再见到它们。下面是内特在管理团队时每天会用的两个工具：

● Skype（Skype. com）：内特每天通过 Skype 与员工反复进行交流。在他花时间带着员工预演新项目时，他也很喜欢它的屏幕共享功能。

● Dropbox（Dropbox. com）：这个文档共享工具能让内特的虚拟员工实时将自己的写作任务（以 Word 文档的形式）上传给他。文档自动与内特的电脑和移动设备同步，能让整个团队保持进度一致。

内特是利用外包的力量来发展自己的企业，同时也在自己生活中赢得自由的企业家的典范。他能在长时间的四处奔波中继续经营并发展自己的公司，这一点就着实令人称赞。

设定团队目标及奖励措施

许多公司在面试的过程中经常会抛出"团队"这样的字眼，会说出像"我们在团队氛围中工作"或是"我们需要的是具有团队合作精神的人"这类话。通常这就是在说，"我们想找一个将公司放在第一位，不会质疑管理决定的人"。

对不起，这可算不上是团队。团队的基本定义是为实现一个共同目标一起努力的人。一个真正的团队就是这样的。

但是，如果你真的想在通往个人自由的路上恰当利用他们，仅仅让一群人在一起工作还远远不够。作为老板，你才是那个既有技能又有权威来有效制定并管理目标的人。

除了通过贝宝发放工资外，如果你还能给团队定下一个共同目标或一些有趣的事让他们去努力，就能享受几个重要的好处。我稍后会更详细地加以解释，这里先让我们来看一些团队目标的例子。

● 设定一个销售目标。如果目标实现，就奖励所有团队成员。不一定要现金奖励——可以是亚马逊的礼品卡等，他们能用来为家人买东西。就算你的虚拟员工没有直接参与销售过程，但每个人的工作都对最终结果做出了贡献，他们理应得到奖励。

● 为完成项目设定一个日程安排。这个项目可以是更新网站版本、创建新产品或新服务，甚至是完全重塑公司形象。

● 设定忠诚的基准，发放适当的奖金。也就是说，奖励员工忠心的奖品。显然，要选一份能反映出每位成员与你在一起时间长短的礼物。在我的公司里，我每年都会给所有员工发放年度奖，此外还有礼品卡和现金奖励。员工资历越老，得到的现金就越多。

下面是之前提过的设定共同目标的重要好处：

● 鼓励员工忠诚。

- 向新雇员展示公司重视员工的忠诚度。

- 强调"团队"一词的意义。

- 小小举动却大有裨益，尤其在别的文化中。

- 让你的虚拟员工感受到，自己是集体的一部分，这不正是自己想要工作的地方吗？

通过设定团队目标来鼓励忠诚的另一个好处就是，你的下一位雇员可能就是公司员工推荐的。下一次你想找人来担任某个职位或完成某个项目时，你的虚拟员工会很自豪地替你去留意。

有一些原因可以解释，为何在团队继续发展的过程中，内部推荐极为有效。首先，利用现有员工来寻找新的团队成员能在招聘和发布广告的过程中节省时间、金钱和精力。它也能让你的虚拟员工负责照顾新进员工，让团队成员在成长过程中形成一种主人翁意识。最后，能在公司内部营造起品牌忠诚感——我十分相信这一点。

你将聘请的一些最好的虚拟员工都会是团队中的其他虚拟员工推荐的。确保一点，只接受老员工的推荐，他们可不想毁掉自己在公司里的声誉，这就意味着他们很可能会向你推荐高素质的人选。

团队在线互动强化归属感

在开始全职创业前，多数人都坐在自己的办公室或隔间里，做着有朝一日从乏味的会议中解放出来，再也不用向那些喝着饮

162

料的经理报告的春秋大梦。可当那一天真的到来，自由终于触手可及时，企业家很快就会意识到——创业是孤单的。尽管办公室里的同僚们不一定是你最好的朋友，但有归属感终归还是件好事。

接下来就是工作效率的问题了。让我们假设两位雇员在共同完成一个项目。每人负责一个部分，而且他们需要经常沟通才能完成任务。他们可以给对方发电邮或是打电话，提出问题或是给出评价，但他们会时不时走到对方的办公桌前，采用传统的方式面对面地好好聊聊。电邮很棒，可它永远无法取代面对面的合作。

遗憾的是，这正是虚拟员工无法做到的。尽管你可能有一个团队为你效力，但团队成员身处各地，这会使身处其中的每个人都有孤独感，也会产生瓶颈效应。这就是为什么让整个团队经常碰面很重要。

在一个完美的世界里，那就意味着，把大家都集中在一间会议室里。你们可以花上一整天的时间，利用一块白板，开展头脑风暴，集思广益，加深对彼此的了解。如果团队成员分散在不同时区和大洲，这可能就做不到了。

如果你有能力经常亲自见见团队成员，我绝对建议你这么做。如果做不到，也不用害怕——我们生活在21世纪，有很多出色的工具，例如谷歌视频群聊、Skype以及像会易通（GoTo-Meeting.com）这类在线会议软件可供使用。

下面是一些鼓励团队成员进行虚拟交流的窍门：

● 刚开始的时候，介绍团队成员。第一步是让团队成员相互认识。你可以在群组聊天时帮助大家进行介绍，让每个人简单谈谈自己。这么做的目的是打破沉默，让每个人都能将团队中其他成员的名字和声音对上，而不仅仅是把他们看成一个邮箱地址。

● 鼓励团队成员间相互聊天。有时，一场对话能比一连串的电邮更快地解决一个问题——可要在你的鼓励下，大家才会这么做。不要指望虚拟员工会主动和另一个从未蒙面的团队成员聊天。这也是为什么在一开始做介绍很重要！

● 整个团队经常碰面。我并不是说，你一开始就要每周开一次会，但我建议你每月召开一次团队会议，这样你就能扼要重述过去几周中已经完成的工作，并讨论作为一个团队应该如何做出改进。

● 与团队成员一对一地对话。这比发一封电邮，问问他"有什么要我帮忙的吗？"或是说"干得不错，继续保持！"更深入一些。这种对话可以是与团队成员一对一地进行，就如何改进工作征求他们的反馈和建议。这也是感谢每个人的辛勤工作，与每位虚拟员工进行个人交流的好时机。

如果你的团队成员分散在不同时区，那么你就需要轮流安排某位成员熬夜或是早起，以便大家能参与到会议中来。记住，你才是老板，会议的时间首先必须安排在你自己方便的时候，当然也要考虑其他团队成员。

每个人都希望能有个归属地。营造团队气氛是确保团队成员和谐相处的最佳之道，它能帮助你更高效地经营公司，将你从中间人的角色中解放出来。

为虚拟团队创建社交网络

既然已经建立了相互交流的企业文化，你可能会考虑创建自己的虚拟员工社交网络。

像脸书或 Yammer 这样的电子平台能让你的虚拟员工进行私下联络，这的确是个很好的主意。如果你只请了两三名雇员，这么做可能有点不必要。可一旦团队成员超过五人，你就应该把这当成一个很好的培养合作基础的方式。你也可以把那些为完成一个项目而招来的自由职业者纳入进来，以便发展关系，促使大家重视通过团队整体来实现高质量工作的重要性。

在这个问题上，最好尽量将问题简化：我不建议你聘用一位网站开发工程师从零开始帮你创建整个平台。因为已经有一些很好的选择马上就能拿来用，例如：

● 脸书的私人群组。这是免费的，而且用起来也很简单。与该网站的其他多数公开区域不同，你可以创建一个只有被特别邀请的人才能看到内容的私人群组。

● 领英群组：这不是我的第一选择，主要是因为我的员工在那个平台上都不怎么活跃。不过，就算你不为虚拟团队创建一个领英群组，我还是建议你为自己的行业或城市创建一个职业群组。这会成为拓展销路的一个很好的工具。

● 谷歌+社区：你能免费创建一个谷歌+社区，然后直接邀请团队成员。不过你要确保把它设置成非公开状态。

● Yammer：这是一个真正的企业社交网络，我很喜欢。

Yammer. com 也针对 iPhone 和 iPad 开发了出色的移动应用程序。

● Ning：你也可以推出自己的数字社区。根据团队成员的数量，你能在 Ning. com 上选择不同的价格。如果团队较为庞大，它就是不二之选。

● BuddyPress：它能让任何人在 WordPress 平台上创建一个社交网站。

这里的重点是创建一个能让人们在一起工作、在线聊天时感觉舒适的团队要素。这么做为我带来了巨大的成功——脸书和 Yammer 这两项，我的团队成员都在用——我相信，你的成员也会的。

如果你不为他们创造条件，怎么可能促进他们之间的交流呢？我再说一次，这是当你的团队成员超过五个人时才需要考虑的事，否则，就进行不下去。

自由之道 ｜ 乔·丹尼尔
专家级教练　The Football-Defense Report

乔·丹尼尔（Joe Daniel）设法将自己为高中生足球队当教练的热情投到一家企业中，其中包括他自己的网站，Football-Defense. com 以及一个帮助美国足球教练拟订练习计划、制定战术以及传播教练哲学的播客。

陷入困境

很快，教练、教学以及经营线上企业的三重生活压得乔有点喘不过气来。他每周花 70 小时在教学和教练上，再没有时间管理那些能让网站和播客继续运转的日常事务。

解决之道

为了解决时间管理的问题，乔聘请了一位虚拟员工。这位来自菲律宾的员工与他一起工作了 16 个月，处理播客的编辑、转录，以及大部分的在线客服工作。乔对员工的工作质量感到惊讶。他相信，要在美国找到这样一位诚实、聪明的雇员可没这么容易。

最终成果

现在，乔可以把自己的热情百分百地放到教学和训练足球运动员及教练上。而且他坚称，之所以他的系统能运行得如此简单，一部分原因就是他的虚拟员工将其打理得很好。说得没错，乔找回了最初的状态，他已经不再需要同时应付那么多疯狂的工作。

适时设立虚拟项目经理

在讨论聘请项目经理的流程之前，让我们快速地重新概述一下为何你一开始要冒险走上聘请虚拟员工这条路：将你自己从任务中解放出来，这样你就能专注于公司的策略和发展。

自从开始谈论这个话题以来，我们已经走了很长一段路。现在，你可能与虚拟团队中的几位员工相处融洽；如果你还没有准备好，我猜你很快就能做到。

一开始，你总是默认状态下的那位经理。也许这种情况已经持续了一段时间，而你刚刚才有所觉察，但不论如何，现在应该让事情回归正轨。我们已经准备将你从经理转变成企业主。通过聘用特定人选来帮你处理这些工作，我们可以实现这种转变。

我打算在团队建设这一章的最后，关注与虚拟项目经理合作的四大主要内容：

- 何时需要虚拟项目经理；
- 如何寻找虚拟项目经理；
- 如何招聘虚拟项目经理；
- 与虚拟项目经理共事的小贴士。

何时需要虚拟项目经理？

一旦你开始和至少三四位全职员工在虚拟团队中合作，就有必要聘请项目经理。不论喜欢与否，你往往立刻自动跑去填补那个职位的空缺，而且在带回一位项目经理前，这个担子你得一直挑下去。对一些企业主来说，那正是他们想要插手的部分——插手所有的事情。但你现在碰到了我，而且你知道我肯定会说，料理这些事务并不是利用时间的最佳之道！

你没时间成为项目经理。作为在当今商界采取行动，打造一支能提供支持、进行营销的虚拟团队的人，你已经承担了一项新的责任，即首席发展运营官。你的职责是不断推动企业发展，而不是一味埋头苦干。

这就意味着，你需要将正确的人员和系统摆到正确的位置，这样才能发现新机遇。为了能真正发挥团队的力量，虚拟项目经理是你能利用的最重要的岗位。所以我建议，一旦团队的全职员工超过 3～4 人，就应该聘任虚拟项目经理。你不可能在一夜之间就找到一位项目经理，但至少应该开始考虑这一流程。

我也要指出，设定这个基准目标的时机就是你开始感觉到，当初踏上虚拟员工之路时所获得的自由正在从指缝间溜走的时候。你没有做错什么，这只不过是事情的自然发展方向罢了，简单地说就是：

更多的成功和发展＝更多的工作＝更多的员工
＝更多的管理

但是，那个发展过程并不——而且也不应该——意味着你需要放弃更多自由，让自己觉得不舒服。自由仍旧是我们的重点。想一下煤气罐吧：如果煤气存量开始下降，你就会再次将它充满，不是吗？在这种情况下，你需要把自己从那个等式中再一次抽离出来，找一个人代替你来管理团队。这样，你才能满血复活。

如何寻找虚拟项目经理？

你有没有听过这种说法，"最好的工作是不会通过广告来招聘人才的"？对虚拟项目经理来说，这也一样。最好的虚拟项目经理不是招聘来的——他们是被发掘出来的。

你首先要考虑的就是你的综合助理。在很多方面，从一开始，他就是你的左膀右臂。他十分清楚你的流程，尤其是如果他曾当过中间人，帮助你协调过项目和任务，保证企业能够继续运转的话。

事实上，多数虚拟项目经理都曾经是综合助理。他们证明了自己注重细节，并能一直按时完成任务，因此走到现在这个岗位上。我的建议是只考虑那些至少在你公司工作了一年的全职综合助理——只有在他证明自己有强烈的主动性、领导能力以及沟通能力之后。这些品质能推动综合助理更上一个台阶，突破自己的极限。

为了看清综合助理是不是项目经理的适当人选，一开始可以给他一些项目让他去管理。先甩给他一些小型项目，看看他的表现如何。

委托招聘服务是找到项目经理的另一个途径。如果你的团队扩张速度很快，而你又没发现身边的综合助理确实具备那些必备品质，能将自己的职业生涯推上一个新台阶，委托招聘服务就是完美的选择。这并不意味着你不能考虑在将来给综合助理升职，但如果你现在就需要一个项目经理，那就要找一个！

一位招聘委托伙伴通常能比在招聘网站上发布广告更迅速地招到人。显然，你还需要花一些时间就公司的流程和政策等来培训你的新项目经理，但他的经验应该很丰富，能确保他掌握你给予的任何指导，并将其运用起来。

因为最近的裁员之风一直吹个不停，全球就业市场上出现了很多高素质的人才。他们想要寻找自由职业而不是回到传统的商业环境中去。这种现象被称为"零工经济"。超过4 200万美国人成为个体咨询师和自由职业者。对中小企业主或刚起步的企业家来说，这意味着你不需要提供全职岗位或为他们支付昂贵的福利待遇，就能聘请到有才干的人。

快速浏览一下 Craigslist，你就会有一大把不错的选择。显然，美国本土的项目经理通常要比海外项目经理收费更高，但国内申请者的经验应该能加快项目的进展。我不建议你采用这种方式来聘请一位长期的全职雇员，除非你愿意继续为这项服务支付佣金。但作为一项权宜之计，或是当你需要在固定的截止日期前完成一个项目时，这还是一项不错的选择。

如何招聘虚拟项目经理?

如果你正在将综合助理晋升到项目经理，可能就不需要进行正式的面试。但如果你请新人来填补这一空缺，就需要真正关注如何创建能缩小求职者范围的面试过程，就像最初聘用其他虚拟员工一样。

不要完全依赖简历。某个人已经做了几年综合助理或项目经理，并不等同于他在这方面很拿手，也不能保证他可以和你、你的团队或你的公司愉快合作。

招聘这个岗位时，我不喜欢走寻常路。这与发送一封带求职信和个人简历的电邮这种传统的流程大相径庭。我会请虚拟项目经理展示一些能证明自己创造力和高度注重细节的例子。例如，让每个申请人为你画一张他曾去过的旅游胜地的图画，或是写一段简短的文字介绍他最喜欢的动物。我知道这听起来有些儿戏，但如果你把它放在招聘广告的最后一项，你很快就会发现哪些人注意到了，也就能对他们的个性有所了解。

如果使用 Skype 来进行面试，你应该坚持在音频之外，使用它的网络摄像头功能。你能更好地感受对方的风度举止，了解他是否具备团队领导应有的自信，并保持亲切的态度。

在面试项目经理时，一定要让他们讨论一下自己曾管理过的项目——成功的以及不成功的。让他们稍稍谈一下为什么这些项目成功或是失败了。但是，不要仅仅停留在听故事的层面，要再深挖一些。让他讲讲为什么项目成功了，为什么自己在这种成功中起到了重要作用。这能让每个人都推销自己一把。

有时，项目经理难免会遇到延误或任务未能完成时其他团队成员给出的借口。问问他们，如何处理这种冲突。他们的回答能让你看清楚他们将如何处理可能发生的内部事件。

与虚拟项目经理共事的小贴士

一旦确定了人选，我就建议你与他开展实验性的合作，看看他们是怎么做的。这可能会花上一段时间，例如 90 天或某个项目的全程。就算你打算把自己的综合助理晋升到这个新岗位，我还是建议你先试用一段时间。这能确保综合助理知道，在坐稳这个位子之前，证明自己的实力很重要。

高效、成功地与项目经理合作，同与你的第一位综合助理一同工作并无二致。但有几点我想要提一提：

● 项目经理要负责根据项目将任务分配给具体的团队成员。他也要设定截止日期，以及适合自己的会议时间。但是，要让他知道尽管项目中存在很多不确定因素，但让项目按时完成的责任落在他而不是别人的肩上，这一点很重要。

● 赋予项目经理每月进行一定数额采购的权力（超额就需要向你申请）。这能让他有一种主人翁意识，也能让其他人知道，公司里还有一个人有权动用一小笔公司资金，从而在团队里营造一种层级感。

● 哪怕你是个体户，也要将项目经理引入自己的策略和集思广益的会议中。他能帮你制定切合实际的截止日期。在你们进行头脑风暴的时候，他也是一个宝贵的资源。让项目经理参与到企业的这部分活动中来能很好地展示你对他的信任。

● 让项目经理制作一份操作手册。我认为，这项工作应该让项目经理经常去做。操作手册为企业制定了一个标准化的流程，能帮助你培训新员工，甚至在必要的时候，将他们变身成项目经理。

也许对于你来说，现在就开始打造一支虚拟团队也许有点不切实际。可能你挑选本书的目的是想了解如何迈出与自由职业者合作这一步，或是想知道怎样招聘一位综合助理。这没关系。

在这里，最重要的一点是你学会了去相信打造一支团队来帮助你经营、支持和发展企业的这种观点。请记住，打造团队是一项技能，需要经过时间的磨砺才能掌握，但如果你想真正发展企业，这项技能就非学会不可。你没理由不去追随本书提到的无数企业家的脚步，也没理由不把公司带入一个新的高度。

记住要对自己诚实。记住将你带上这条路的那些信仰和梦想，这是你能遵循的最强大的一个概念。你对自由的追寻会让你建立起一支伟大的团队。反过来，这支团队也会帮你建立起一个强大的企业！

你的团队会在你继续创造伟大的产品、服务和内容来帮助、教育、激励和娱乐人们的同时，帮你站稳脚跟。在这个全新的商业世界中，能拉开你与竞争对手距离的最后一项因素是内容。内容无疑是你所在行业中的重要人物所关注的东西，也是你应该尽快关注的东西。

因此，让我们接着聊一聊内容吧。

与虚拟团队合作创建在线内容

赢得个人自由远不止缩短每天、每周或每月的工作时间这么简单，它指的是利用这种自由为企业添砖加瓦。21 世纪最佳的创业方式就是在网络上创建并推广内容。

本章将回顾你必须创建在线内容的理由。我们也将重点关注：

- 为何要创建在线内容；
- 优秀在线内容的标准；
- 在线内容开启了客户与你的互动入口；
- 带有你人格特质的内容更具黏性；
- 让虚拟团队帮你实现内容构想。

请记住，我所说的"内容"不是挂在一些无聊透顶的公司网站上长达 2 000 字的企业宗旨描述或是某些公司上传至 YouTube 的《蠢蛋搞怪秀》①（Jackass-Style）式展示绝技的蒙太奇短片。

我说的内容能够传达：

- 明确、简明的信息；
- 提供有助于解决问题的知识技能与解决方案；

---

① 美国的一档电视节目，一群人演出各种危险、荒谬、自残的特技和搞笑节目。

- 促使人们采取行动而非仅关注娱乐性。

这些都是优秀内容的特征，而优秀的内容实在千金难求。现在，人们若想解决某个问题，几乎马上就会想到网络。作为产品或服务的提供者，我们应重点关注的恰恰就是如何解决问题。人们通常会因为下面这些问题而上网寻找答案，但愿他们能在网上找到高质量的内容。

- 健康问题：肥胖已不是美国人独有的问题。还有六个国家，其 20％ 的人口患有肥胖症。因此，人们若想了解有关胆固醇的问题或需要膳食营养、锻炼计划和健身器材等方面的相关建议，会去找谁呢？如果你的公司正好擅长制定膳食计划、销售运动用品或能提供其他健康问题的解决方案，人们就会来找你。

- 金融问题：夫妻俩该如何为孩子的教育进行投资？对于个人信息泄露，我们该了解些什么？如果遇到金融压力、面临经济困难或遭遇金融动荡，该去哪里寻找能让生活回归正轨的信息？如果你的博客和播客都专注这类问题，人们就会慢慢关注你。

- 职业问题：大学毕业生或刚失业的中层管理人员会上哪里寻找工作？怎样才能成为消息灵通人士，掌握当今市场最稀缺的技能？要是厌倦了找工作，想自己创业，该从何入手？如果你的网站或电邮简报能为处于这种状况的人提供技巧和策略，他们就会收看你的节目或注册你的邮件列表。

- 商务沟通问题：社交媒体驱动了当今社会的发展，家庭式小型企业怎样才能在其中站稳脚跟？阅历丰富的企业主如何与现今的消费者沟通和联系？如果你的在线课程和线下工作室能教会小企业主这些，他们立马就会成为你的粉丝，甚至是终身客户。

　　人们在寻求答案，在你看书的这档口就在这么做。可是如果最佳答案还没出现该怎么办呢？如果你的公司能解决别人的问题，你却失于宣传，别人找不到，又怎么办呢？如果公司能解决人们普遍面临的问题，难道不该把内容发布在人们最喜欢去寻求答案的地方吗？

　　也许企业主不关心内容创建的原因是他们缺乏工具。也许他们买不到电脑、相机或无法上网。不对，好像不太对头。那是因为成本吗？

　　说不定只是因为创建高质量的内容并在网上推广成本太高？也不对，这也说不通。人人都能在 YouTube 上创建一个频道，免费上传视频。随便哪个读者放下书就能写出人生中的第一篇博文，根本用不着付费。

　　那问题出在哪里呢？如果不是因为途径、工具或成本，又会有什么障碍呢？

　　真正的问题是时间不够。先调研，再写一篇高质量的博文耗时不短。制作、拍摄、编辑一段既吸引观众，又能传递明确信息，号召观众行动起来的 YouTube 视频也很花时间。以极富趣味性的方式组织一场强大的网络研讨会，不让参与者溜号或提前退场更是需要投入大量时间。

我敢说，现在你的 iPad、笔记本电脑，或脑子里有一大堆素材可以用来制作成内容。它们就囤在那里，等着被挑选出来，经过加工、制作，最终发布、推广到电子世界。

想想下面这些话你已经说过多少次了：

- "我得把一个客户的故事当成案例，跟大家分享。"
- "我要写本关于_____的书。"
- "我还真得拍一段关于_____的视频放到 YouTube 上。"
- "这个月，我要创建_____。"
- "我需要一个网站。"

这种例子不胜枚举。而这些令人惊艳的内容就那么无所事事地待在那里积灰，转眼成了明日黄花。可原本它们能帮到别人，助你打造品牌、产生影响。这也是我写这一章，甚至这本书的原因。我知道你们很忙，也知道你们可能根本抽不出时间来完成我在这里列出的任何一件事。

我讲这些是为了帮助那些有能力的人，帮他们从那些拖后腿的任务中解放出来，这样他们就能继续考虑自己业务中最重要的部分——领导和销售了。

21 世纪最佳的创业模式：在线内容运营

我敢说，上一次你看到一条对个人生活或企业发展有益的内容时，一定很高兴有人把它制作了出来。可你有没有问过自己，创建这类内容需要什么？据我所知，需要满足两个条件：经验与技能。

经验

内容创建者必须是一位专家。他不断在某个特定方面获得成功，因而有资格向他人传授经验。这种经验可以是从别人那里学来的，也可以是自我摸索出来的。

技术能力与创造能力

有了经验之后，专家就决定与大众分享。他可能会选择博客、YouTube 视频、电邮甚至是播客来实现这一目的。但他——或是其背后的团队——不仅要了解数字内容的创建流程，而且要让这些内容变得引人入胜、通俗易懂，这样才能吸引观众的注意力。

谁有时间做完所有这些工作？一个事业成功、专心从事本行的专家真有时间制作出寓教于乐的内容吗？也许不会吧。就算是那些全身心投入教学事业的专职专家也会很快因为调研、组织内容以及推广等所涉及的巨大工作量和细节忙得不可开交。

但人们的确会上网搜索解决方案。我相信你能回答他们提出的问题，那么你能做些什么呢？你有时间创建那些很容易就能找到并可以共享的内容吗？

最初可能会有时间，不过你很快就会发现想靠自己一个人完成所有的事是不可能的。相信我，没人能自己开一家制作公司。我试过，但输得很惨。你需要人帮忙，而虚拟团队能在其中起到重要作用——帮你开展调研、制作并营销高品质的内容。

我不是说要每天制作内容，因为不需要那么多。与制作出真正吸引人、能对人们的生活产生积极影响的内容比起来，更新频率并不那么重要。你在为那些需要或想要获得服务的人提供服务，如果你疲于更新，有可能反而谁的忙也帮不上，因为你粗制滥造了一堆垃圾。

此外，内容，尤其是在线内容必须简洁。人们上网找的是快捷的解决方案或答案。这个方案可能很简单，就像是一段教人们如何将博文上传至 WordPress 的视频或是一张清单，列出了你第一次可以外包给虚拟员工的任务。（你能在 ChrisDucker.com/101 中找到我列的清单。）

在让虚拟员工参与制作过程之前，让我们先来讨论一下为什么要创作内容。我们只是坦率地说出了当今世界面临的问题，并且想到了人们正在转向网络寻找问题的答案。对于开公司的人来说，这些理由足以让他开始规划自己的内容创建策略。事实很简单，如果不加入数字时代的洪流，作为企业主，你就会与大量机会失之交臂。

那小型的地方企业呢？它们需要考虑创建内容吗？也许你开的是一家代理记账公司、一家宠物托管所，或是一家减肥温泉疗养馆，你肯定会思考，为什么自己一定要制作数字内容。

一些企业主不愿创建内容，并会为自己找一些借口。下面是一些常见的托词以及我的反驳：

● 我们公司不在网上销售产品，我们希望人们能来实体店购买。你知道吗？94％的智能手机用户用手机搜索当地企业的信息。他们不打算在网上购物，而是想查看评论，寻找图片、地址以及其他一切能帮助他们决定是否光顾实体店的信息。我每次去美国都会用 Yelp① 的移动客户端查找餐厅、酒店或其他当地企业的信息。如果这还不能引起你的注意，那就想想下面这个简单的事实：61％的人在搜索完后会打电话给企业进行咨询。

● 这么多年来，我们一直没有制作在线内容，不也一样发展得好好的，为什么现在要开始呢？现在的消费者在做出购买决定时会依赖电子内容，并会受到网络社交圈的影响。我们对网络的利用方式以及利用程度正以闪电般的速度发生变化，尤其是智能手机出现之后，现在人们能随身携带网络。一篇博文或脸书的一个页面在你眼里也许微不足道，却能在当地市场造成巨大反响。事实上，可能就是因为它，消费者才能最先了解到还有这么一家公司。

● 我们有一批铁杆客户，他们会为我们介绍新客源。那么为什么不给这些粉丝一些电子内容作为促销手段呢？让一个人在你的脸书页面上点赞可比给 300 个脸书好友挨个打电话容易得多。

● 我们已经拥有了自己的网站，而且在主页上有专业的视频。这很好，可是那段视频放到 YouTube 里去了吗？你知道为什么这很重要吗？为了让客户能更容易发现你的网站，你做了什么？你把这个网站当成潜在顾客开发工具了吗？

下面是一些对实体店老板来说十分有用的内容形式：

● 视频：创建一段视频，用来突出企业的特点，向现有以及

———————————

① 美国最大的点评网站。

潜在客户展示"内行人"的看法是怎样的。在将 P2P 哲学①注入你与客户之间的关系这个方面，视频是个不错的方式。不要害怕透露一点信息，因为这会让你从竞争对手中凸显出来。

● 通讯稿：地方企业时不时会做一些值得报道的事。向地方和全国媒体提交一份通讯稿，凸显一下你们的成就。

● 博文：如果你从事理财、法律咨询、健身训练或心理咨询等行业，当人们上网为一些简单问题寻找答案时，博文就能为你带来在线搜索流量。

● 脸书页面：社交媒体能做的不仅是让人们为你的主页点赞，它还能将你和受众联系到一起。脸书在全球拥有超过 10 亿名用户，平均每个美国人每天花在脸书上的时间有好几个钟头。如果你能出现在脸书上，显然对自己有好处。而且，这还能让你与未来的客户发展长久的联系。

● 评论：我得提醒你，不要去购买虚假评论。你应该鼓励顾客写评论（别的买家的评论是一种主要的购买参考，尤其在网络购物中），但一定要监管这些评论，这样就能对负面评论做出回应。你也可以把这项工作交给虚拟员工，让他们每周监管一次，并将负面评论发送给你。当然，千万不要因为这些负面评论而沮丧不已。这不过是因为消极的人似乎比积极的人更愿意发声而已！

现在，我可不是说所有这些你都要去做。虚拟团队当然能替你完成这些任务。不过，最后他们创造出来的东西可能不太适合

---

① 即 people-to-people 哲学，后文将详细阐述。

你的经营模式或目标产业。

　　每件事都去尝试一下是件好事，你可以用脸书的 Page In-sights 和谷歌分析等工具来获取明确的数据，了解哪类内容最能为你带来轰动效应。搜索引擎助理是团队中能帮助你对信息做出评估的不二人选。

优秀在线内容的标准

　　数字世界绝不缺少内容。但遗憾的是，它们中的大部分都是让人分散注意力的垃圾。

　　让我们先看看那些一直在渗透进你私人生活的内容：

● 每隔几分钟，手机就会震动一次，告诉你短信来了。

● 现在，你脸书上的朋友正在更新自己的状态，晚一些你就能看到他们现在的想法或正在游览的地方。

● 你的私人邮箱慢慢堆满了各种零售店发来的"限时优惠"。购物结束之后，它们都留了你的邮箱。

　　这些都是内容，而且大多会引起你的注意。现在让我们再来看看在职业层面上会接触到的内容：

● 你在领英上搜索自己刚刚在一次社交活动中结识的人，与他们建立起联系，点击他们的个人档案和网站以更多了解他们。

● 有人将一次重要谈话的内容抄送给你，因为他们觉得你也应该参与进来。

● 你参加了一个网络研讨会，会上强调的关键信息将会影响你所在的行业或帮助你赢得新业务。

- 你下载了一本白皮书，以便更好地了解有助于企业发展或公司内部职位晋升的内容。

最后，让我们再来考虑你有意去搜索的内容类型。回答下列问题，看看哪些内容真正丰富了你的生活：

- 你为什么要按网上的说法去做？你主动访问这些人的博客，搜索他们的帖子，特别留意去观看、聆听或阅读他们发布的内容。

- 上一次你因为私人或工作上的问题上网寻找答案，试图通过领会一篇内容的精髓来解决问题是在什么时候？

- 上一次你根据一篇内容采取行动，推动了企业的发展是在什么时候？

优秀的内容可以是一本长达 50 页的免费电子书，告诉你怎样通过创建博客来壮大你的企业；可以是一本 5 页纸的白皮书，为目标市场提供难以置信的洞察力，使你能更成功地接近潜在客户；也可以是一部由 10 个片段组成的系列视频，教会你怎样创建、提出和推广一个播客；还可以是你在拼趣网（Pinterest）上找到的信息图，为那些在家办公的企业主提供提高生产力的妙招。

这些例子都被认为是长盛不衰的内容，也就是说，因为它们质量高、相关性持久，所以能超越时间的限制。内容常青树必须能解决问题，并发现新的机遇，同时还要经得起时间的检验。因此，人们会经常使用、记住并分享这些内容。

仅仅出现在谷歌搜索首页并不代表一篇博文一定有你想要寻找的答案。同样，就算你的网站在谷歌上排名靠前，这种排名也未必能为你的网站带来持久的访问量或是增加你的销售额。

有太多的人认为，"内容是王道"这句话是指那些博文或视频数量最多的网站才是赢家，但事实并非如此。那些质量最高、评论人数最多、分享内容最多的网站才是胜出者。

制作劣质内容再简单不过了，比如：

● 单纯为存在感而创建的内容。只是因为你觉得必须得说点什么才写的帖子或是发表的言论不太可能成为优秀的内容。

● 空洞的内容——就是一个人举着相机喋喋不休。

● 音质很差的视频。

● 为了优化搜索引擎，用软件"造"出来的东西。这类黑帽技术现在已经被搜索引擎的算法不断屏蔽。

● 过时的材料。请注意，你网站上那些制作得比较早的材料并不包括在内。过时的材料特指那些许久没有与自己所处的行业有所接触的人最近创建的材料。他们传播的都是一些陈旧的信息。

● 天花乱坠的广告。我讨厌这类东西，这是没有真材实料时用来麻醉观众和自己的麻药。

很多人纵身跃进了内容这股时尚的浪潮，根本没想过自己要去往何方，或是身后有没有追随者。毕竟，领导权这东西得有人跟在你手下才能行使。

让差劲的内容变得更糟糕的是，企业主还得费时费钱地准备，结果必然是浪费时间，浪费金钱。内容不应该是你亲力亲为去做的事，它不应该出现在你的日程清单上。相反，它是你关注并为之筹划的事。

我相信，如果你的内容不能真正解决问题、娱乐观众或是动员顾客采取行动，那么就算不上是一个内容，而只是一堆乱七八糟的东西罢了。正是这种心态使得弄清楚内容的目标客户群变得很重要。现在，这已经不是你能想当然的事了。

在线内容开启客户与你的互动入口

我是拥有实业背景的作风老派的人。我的每份工作，不论职位如何，采取的都是 B2B（企业对企业）或是 B2C（企业对消费者）的模式。不过，既然我现在成了白手起家、推广营销和构建业务的企业家，就必须转变自己的心态。现在，我偏向于 P2P（人对人）哲学，其基础是人们想与其他人做交易的这种意识。

尽管人们在公司品牌化上耗费了大量时间和金钱，却不会因为一家公司的标志或是企业宗旨而选择与它合作。他们之所以会选择某一特定品牌是因为他们之前与其产品或服务有过接触。同样重要的是，因为那些展示产品和服务的人。

你的客户想成为你的朋友，他们想认识赚走自己钱的那家公司背后的权威人士。更重要的是，他们想被当成真正的人，而不仅仅是发票上一个冷冰冰的名字。如果一位客户推送给一家公司一个问题，那么他希望能有人及时给予答复。当今网络内容平台的魅力就在于它为这种互动打开了入口。

詹姆斯·韦德莫尔（James Wedmore）是一位营销权威，他

在博客 JamesWedmore.com 上教授大家如何利用 YouTube 来为
自己及自己的产品和服务树立品牌。詹姆斯在自己的 YouTube
视频中就经历了这种 P2P 的现象。

他曾制作过一个视频，上传到 YouTube，并将它推广到自己
的邮件列表中。他接着转向下一个项目（一般来说也是一段视
频）。同时，他刚刚上传的视频还留在网络空间里，等待与任何
点击观看它的人进行互动。

让我们假设你观看了一段詹姆斯的视频后很喜欢。你会接着
做什么呢？可能会再看一段。看过几段视频之后，你也许会觉
得，如果他在某次现场活动中做演讲，你能把他认出来。因为他
在内容中将真正的自我充分展示了出来。

最佳实践 | 约书亚·范登布罗克
首席运动生理学家　Fitco 健康技术公司

约书亚·范登布罗克（Joshua van den Broek）是那种（我们
已经在前面见过好多了）忍不住要去帮助别人的人。可别对他有
成见——这不过是他的天性罢了。获得运动生理学学位之后，他
马上就创办了 Fitco 健康技术公司（Fitco. net. au），这样他就能
帮助别人了。

我第一次是通过一个只对会员开放的商业小组见到约书亚
的。之前我曾在组里的会议上发过言。一听说我 2012 年 4 月要做
一次脊柱手术，约书亚马上联系到我，建议我如何做才能在术后
提高康复的几率。

手术之后，我联系了约书亚，并和他讨论了怎样才能加速康

复的问题。约书亚习惯在自己的工作场所与病人面对面交流，但鉴于我们相隔太远，所以通过 Skype 进行全面评估，我上传了一些照片，这样他就能更仔细地分析。他为我量身定制了一个康复项目，规定了我必须进行的具体的运动项目，而且中途会检查核实我的情况，以便我能坚持下去。

他的计划见效了。我比预料的要好得快。自此之后，我和约书亚成了朋友。后来，他抽时间跟我谈了他的虚拟员工以及他们的工作模式。

为何选择虚拟员工？

约书亚第一次听说虚拟员工的时候还是一个个体户，经历过经营小企业的起起落落。他决定不再承担实现企业盈利，同时保证自己最终能够获得灵活性与自由需要的所有角色。

他知道需要打造一支团队来实现自己的愿景，但他的预算少得可怜，因此，聘请虚拟员工成了唯一符合逻辑的选择，因为他能以更低的成本拥有一支坚实的团队。

一开始，他将具体的一次性的任务外包出去，比如开发网站，以及为印制营销材料进行图形设计等。后来，他开始额外聘请长期的虚拟员工来处理重复性的工作。

通过聘请虚拟员工，约书亚节省下大量时间，可以用来发展本地团队，并扩大了其在悉尼的诊所数量。同时，他还有时间关注自己热衷的其他项目，如为自己在 MyExercisePhysiologist.com 上的博客创建内容，进行推广等。

如果没有虚拟团队的发展，本地团队就得不到支持，约书亚就无法将 Fitco 健康技术公司系统化到现在这个程度。现在，业务的方方面面都已存档，并成为内网中的流动资源，所有员工都能更新和获取。

既然约书亚有时间关注企业发展，而不只是日复一日投身企业经营，他正在考虑其他可能性，比如，特许经营、演讲、发展在线实体等。

约书亚的障碍

刚开始聘请虚拟员工的时候，约书亚碰到了一些问题，大部分是由于他缺乏招聘经验。反复试验之后，他得出一个结论，寻找适合自己公司的员工需注意以下两点：

● 沟通。他学到了，可以在招聘广告中写明应聘者需提交一段录音，这样可以加快面试前的筛选过程。这不仅可以体现出他们的英语口语水平，也能过滤掉那些不愿多付出一些努力的人。

● 具有感染力的热情。约书亚知道，自己正在招聘的岗位所需的技能很容易通过优秀的培训资源学习到，但员工的个性是天生的。他最成功的招聘经历就是找到了那些热情的、能够感染别人，并且乐于学习的人。

约书亚也犯过一些新手常犯的错误，后来证明阻碍了企业的发展。最初，他让来自菲律宾的虚拟员工通过 Skype 处理大量的来电。尽管员工处理得很好，顾客却经常抱怨通话的质量不高（因为虚拟员工的网速不够）。因为这个问题，约书亚的销售额出现显著的下滑。他将这部分任务转移到位于澳大利亚的电话呼叫中心，便解决了这一问题。

约书亚的最佳实践

● 像对待当地雇员一样对待虚拟团队。分散在全球的团队成员与在办公室工作的团队成员一样重要。

● 与团队成员明确清晰地沟通。清楚地传达任务目标很重要，不能产生任何误解。英语也许是部分团队成员的第二外语，所以这一点尤为重要。在分配任务前，让员工们重述一遍自己对任务的理解，这样你就能当场澄清误解了。

约书亚使用的工具

下面是约书亚在与虚拟员工一同工作时最常使用的三种工具：

● Skype（Skype.com）。网络面试、在线会议与网络电话的完美工具。

● Trello（Trello.com）。约书亚用这个项目管理工具创建列表、确定任务、存储文件、跟踪项目状态并接受可交付成果。最妙的是，它是免费的！

● Google 协作平台（google.com/sites）：为公司创建内网，使公司系统化。你能在内网上存储所有的系统以及团队培训材料。也是免费的哦！

约书亚意识到虚拟团队的真正价值，尊重他们在企业中的角色，这使他能在当地扩大自己的业务，通过在线项目帮助他人，并获得了进军国际市场的机会。这种老派经营原则与"新派"商业思维的完美结合（与虚拟员工一同工作，利用播客和社交媒体吸引顾客等），我觉得是每个现代企业家迟早都要采纳的方式，否则你就会被甩到后面。

带有你人格特质的内容更具黏性

　　为什么你最终还是开始考虑创建内容？也许是为了被人记住，也许是为了成为行业内的领军人物或是人们寻求资源的对象——一个值得信赖、知识渊博的人。你想要成为粉丝、追随者和客户在需要得到答案、支持、动力或娱乐时去寻求帮助的人。

　　最好的方式就是让人们记住你这个人——如果你关注了我们的 P2P 哲学，你的人格就能闪现在你的内容中。在很多方面，P2P 哲学是你最初创建内容并使其尽可能持久的真正原因。

　　能够实现这一目的的内容必须把你包含在内——你的个性、你的故事和你的专业知识。这是你不能外包，也不应该外包出去的部分。人们能通过这些内容找到你，而你也能给他们留下印象。最终，这种印象会带来一种反应——在商业中，即是交易！

　　即便你打算把大部分自我都投放到内容中，你也没有时间做调研，因为你有生意要做。你也没有时间设计、编辑、上传、发布或是推广它。幸运的是，在这些方面，虚拟团队帮得上忙。

让虚拟团队实现你的内容构想

　　你的内容必须由你自己来构想，否则你在利用当今商业必备的 P2P 哲学时就会一败涂地。

　　一旦内容创建出来，你就可以随时开始让你迫不及待的部分：让他人替你完成剩下的工作。

　　我知道，我说的"工作"对不同人来说，意义不同，因此，当我们谈到内容创建和营销的时候，我把工作分解成下面这几类：

● 调研：涉及调研潜在的博客、视频、播客等。调研人员还需调查公司的竞争对手正在做什么。

● 创建：从基本的内容创建到信息产品（仅在线上有售的可下载数字产品）创建的所有工作。

● 推广：发布内容，并将其推向世界，引发轰动。

● 持续营销：一旦你的内容上线了，就该确保有人能找到、消费并分享它。

　　我们会讨论上述各个类别的工作，并发现团队哪位成员应该负责什么工作。就算你们没有聘请全下列行动方案中提到的所有虚拟员工，对于信息应该如何推进这个问题，这个计划也提供了一个很好的框架。在 Fiverr 或 Craigslist 网站上可以为每项任务聘请到员工，例如，你能找到人替你设计电子书封面。这完全取决于你打算获得何种质量的工作，以及你是否打算与某人建立长期合作的关系。

调研

　　下列调研程序可以用来创建博客、视频、播客、电子书、信息图，甚至是一些信息产品。目标很简单，就是为了打造内容收集素材。请记住，这一流程中没有什么是一成不变的。你可以随心所欲地进行调整，以实现最佳结果。

创建产品前进行调研

动　作	负责的团队成员
列出你打算创建的内容所需的关键词、词组或是人名。然后给综合助理发邮件，使其成为主要联络人。	你自己
利用谷歌关键字工具（GoogleKeywordTool. com）、谷歌趋势（Google. com/trends）以及 YouTube 等寻找最受欢迎、最相关的内容。	综合助理或搜索引擎助理
将各个平台上最受欢迎的前五项内容复制粘贴到谷歌云端硬盘的文件里。一旦创建完成，就能够共享。	综合助理或搜索引擎助理
一旦助理通知你文件已共享，就打开文件，决定创建哪种类型的内容。	你自己

创建与发布

　　既然你已经完成了一些调研，让我们看看如何利用目前完成的工作来创建各种内容。请记住，创建博文、营销视频、电子书和白皮书的步骤都是前期调研的延续。

　　让我们来看看创建一篇博文的流程。

创建博文

动　作	负责的团队成员
还记得我说过，不要把内容创建这部分外包出去吗？我是认真的。坐下来，用综合助理和虚拟搜索引擎团队成员搜集到的调研结果写一篇博文。然后上传到 Dropbox。	你自己

检查语法和拼写。确保文章有二级标题，你自己需要核实格式是否正确。	内容编辑或综合助理
把博文作为草稿载入博客系统，插入必要的图像、视频或屏幕截图。完成最终的格式化，并加入超链接。	综合助理
发布博文。	综合助理或你自己

接下来是创建营销视频的流程。请注意，你也能用这一流程创建播客。

创建视频	
动　作	负责的团队成员
在前期调研的基础上拟订标题，列出视频大纲，在谷歌云盘文档中列出讨论要点或是通过 Dropbox 把 Word 文档分享给你的视频编辑和项目管理经理。	你自己
反馈意见，提出建议，文件上传后通过邮件通知你。	视频编辑和项目管理经理
拍摄视频，将原始高清文件发送给视频编辑。	你自己
将初步剪辑后的低分辨率文件发送给你。文件需包含背景音乐、前奏与尾声部分的缓冲视频，以及你打算展现在屏幕上的文本。	视频编辑
记录想做的所有改动，指出改动处的精确时间。例如，你可以写："1:34，加入弹出文本'本周限免!'"将文件发回给视频编辑，方便他们制作最终版本。	你自己
完成最终剪辑，将高清视频上传至 Dropbox。	视频编辑
将视频全部转录，并单独保存在一个 Word 文档中，这样，下次就能用在博文或是 YouTube 简介中。	综合助理

出版一本电子书是树立权威的一条妙招，而且还能为你的

网络追随者提供一些他们能全身心投入的更为实体化的东西。它也是完美的选择性磁铁——你能用它来打造一份在线邮件列表。

创建白皮书或电子书	
动　作	负责的团队成员
根据综合助理整理好的调研材料，撰写电子书的基本大纲。现在还不需要定下书名，不过暂定一个书名能帮你把握书的走向。把大纲发送给内容编辑。	你自己
撰写电子书初稿，标注好何处插入图像和/或图标。然后将初稿发送给综合助理。	内容编辑
从免版税的网站上寻找图像。将这些图像放到Dropbox上。	综合助理
进行最后的微调，将文档分享给图形设计师。	内容编辑
从Dropbox下载电子书和图像，设计封面以及完整的初稿。将文档传至Dropbox以便审核。	图形设计师
审核电子书。将最后结果反馈给图形设计师。	你自己和图形设计师
将电子书上传到服务器。如果是免费的，则添加"选择加入"按钮。如果你把它当成电子产品来销售，就添加"购买"按钮。	网站开发工程师

　　利用转录的方式来创建一本电子书或白皮书也是将你的现场演讲、播客、视频或网络研讨会转换成实实在在的内容的一种好方法。这样，这些内容就能用来制作成给订阅者和客户的绝佳赠品。你也能用这种办法创建一个产品，放在亚马逊上销售。

　　下列计划并不包括我们在本节最初提到的调研，在开始下表活动之前请先完成调研。

创建可在亚马逊上销售的产品	
动　作	负责的团队成员
收集所有你打算用来制作电子书的录音，发送给综合助理转录。请注意，如果综合助理正在忙其他的事，你也可以借助转录服务来完成，因为这项工作会占用他好几天的时间。	你自己
校对录音和完整转录音频。	综合助理或转录服务
审核转录文本，删掉任何多余的材料。标注文本，这样内容编辑就能知道哪一部分需要放到哪一章节，最终定稿。	你自己
审核大纲，开始将转录文本转变成电子书。这可不是简单的复制粘贴。转录后的文本读上去与听众听到的感觉截然不同，因此编辑需要通读全文，微调文字，使其更为流畅。将初稿发送给你审阅。	内容编辑
审阅初稿。做出改动，在上传至 Dropbox 前给出反馈。	你自己
做出必要修改，并作最后编辑，以确保没有任何语法或标点错误。将电子书最终版本的内容发送给图形设计师。	内容编辑
创建封面，设计内页布局。与综合助理共同协作编辑，并在必要处插入图片。将最终产品的草稿送给你审阅。	图形设计师和综合助理
批准通过电子书。	你自己
将电子书发到亚马逊或是任何你打算销售或分发的平台。	综合助理和网站开发工程师

推广

　　既然你已经创建并发布了自己的内容，现在就该让全世界找到你的内容。我要给大家提一条很重要的建议：发布内容的频率由你自己决定。尽管现在有虚拟员工帮你，但千万不要犯这种错误，认为既然我能创建内容就该不断创建新内容。质量比数量更重要。

　　至于内容推广，我建议你订立一张日程表或是一览表，以后每次要发布新内容的时候，团队成员能够参照这张表行事。推广一览表能带来一致性，帮助你据此安排计划。

　　利用下表中的内容来为你最近的内容推广制定时间轴。一会儿我们还会继续讨论如何进行持续营销！

　　下面这张出版计划表适用于任何类型的内容，不过我会用一篇博文来做例子。你会发现综合助理还真是块宝。

制定推广计划	
动　作	负责的团队成员
将制作好的内容分享到你的个人社交媒体账户中，如脸书主页、推特以及 Google＋等。	综合助理
将内容分享至领英账户，并推送给网内群组成员。（注意：加入那些由你的同行以及目标客户组成的领英小组是个好主意。例如，如果你的公司帮助小企业在网上推销自己，你就应该加入当地的营销小组以及你打算赢取的客户群组，如牙医、律师和承包商等。这能扩大你的内容的覆盖面。）	综合助理

动 作	负责的团队成员
发布新内容后的两天内，每四至六小时推送一次推特。不要仅仅推送文章的链接，而要分享帖子中"适合推送"的评论——那些能抓人眼球的内容。这些"适合推送"的内容比单纯的链接被人分享的几率更高。	综合助理
在 StumbleUpon、掘客（Digg）和红迪网（Reddit）等网站上为内容制作书签。	综合助理或搜索引擎助理
通读一遍博文，找出你在其中提及或链接的人。立即给他们发送电邮（利用早已备好模板的邮件），告知他们自己在一项内容中提到了他们，说不定他们会打算分享这篇文章。	综合助理
向邮件列表中的电邮账户发送一封邮件，告知他们你发布了新内容。	你自己（这样更有个性）
将帖子中的特色图片分享到拼趣网和 Flicker 等网站上。	综合助理

持续营销

这种长期方式更具策略性，它通过优化你创建的内容在网络上创建企业品牌。

优化内容	
动 作	负责的团队成员
播客与视频：将博客与视频转录后存放到"博客银行"，以便日后用在自己网站的帖子或别的网站的游客帖中。这部分内容也可以在加以概括后，分享到微博客（Tumblr）、StumbleUpon、红迪网以及掘客等社交书签网站上。	综合助理

博文：创建新内容与相关旧内容间的链接。这能自然地提高搜索引擎优化的分数，同时也能让访问者有机会发现你早前创建的一些经久不衰的内容。	搜索引擎助理或综合助理
博客评论：回复游客对博文、脸书页面或 YouTube 频道的评论。如果你打算和观众建立更紧密的联系，这么做就很有必要，尤其是在博客上。还记得 P2P 哲学吗？我不建议将这部分外包出去。	你自己
信息图：根据你的一段视频或是一篇博文绘制一张酷酷的信息图。这比人们想象的要简单得多。让综合助理将它分享到一个活跃的信息图分布站点上。	图形设计师和/或综合助理
分享幻灯片：将转录文本转换成 PowerPoint 或是 Keynote 幻灯片，将它们分享到 Docstoc 和 Slide-Share 等网站上，增加曝光率。	图形设计师和综合助理

自由之道 | 娜塔莉·西森
数字游民　旅行企业家

娜塔莉·西森（Natalie Sisson）创建的网络品牌叫旅行企业家（the Suitcase Entrepreneur），她的工作地点不固定，这成为她取得非凡成就的关键。越来越多的个体企业家渴望能像她那样，以自己的方式生活。四年前，娜塔莉创办 SuitcaseEntrepreneur.com 时，就想确保这份事业不会将自己困在一处。她知道自己能通过电脑处理所有事情，因为其内容营销业务的所有中心要素——博文、播客和视频——都能通过网络处理。

陷入困境

创业早期，尽管娜塔莉极为投入，她仍旧意识到对于如何处理像财务和客服这类业务自己毫无头绪。可她还是咬牙一个人坚持下去。坚定的决心和好胜的心态使她不乐意放开对企业任何方面的掌控。(有点像超人情结吧。)最后,在踏上为期两个月的非洲之行前,她还是伸手求助了,因为非洲的网络覆盖较少。

解决之道

娜塔莉开始着手打造一支散布在世界各国的忠诚的虚拟员工团队。她的综合助理在印度,播客编辑在菲律宾,视频编辑在荷兰,项目经理和系统分析师在比利时,网络与技术专家是美国人,图形设计师是英国人,而"首席幸福官"——全权负责客服部分——也在美国。因为他们遍布五湖四海,娜塔莉倾向于与他们一对一地合作,而不是定期将这些人召集在一起。不过,这些虚拟员工还是会通过项目管理系统进行互动。

最终成果

通过与虚拟员工一同工作,娜塔莉学到的最重要的一点就是如何仔细考量自己的事业,而非一味埋头苦干。聘请了虚拟员工后,娜塔莉就有机会从微观管理和乏味的技术工作中抽身出来,转而专注真正能促进企业发展的途径。当她踏上旅程,做自己喜欢的事情时,她绝对相信自己的员工能顺利管理企业——就像他们是克隆版的娜塔莉一样!

乍一看,你也许会觉得内容营销不适合你。如果你觉得它好像会涉及一大堆工作,那你的判断没错。不可能挥挥魔棒就凭空变出一些出色的内容。内容营销需要规划和策略。不过,在你完全忽视这一领域前,请记住为什么我们把内容视为品牌建设、积累客户,以及企业发展的可行之道。

社交媒体专家艾米·波特菲尔德（Amy Porterfield）在 AmyPorterfield.com 上发表博文，她被认为是脸书营销领域最知名的人士之一。在世界上最受欢迎的社交媒体上做推广并不是一件容易的事，但她已经帮助成千上万的小企业主徜徉其间。不过她自己也是一个多产的内容营销商——在自己的一方小天地里调研、创建并发布了一些最出色的博文和播客。她这么做是为了打造自己的品牌，教育他人，她做得不错。

内容营销是指解决问题，为客户提出的问题找到答案，也指制造笑点、启发观众和未来的客户，使其能在你呈献给他们看的内容后采取行动。采取行动是会上瘾的。一旦客户按照你的建议采取行动，你就永远抓住了他们——只要你所言非虚，而且能不断帮助他们采取行动。

通常，制定策略和规划比真正创建内容更花时间。不过幸运的是，你的虚拟团队会辛勤工作，帮你承担这部分的繁重工作。

第七章

该你大展拳脚了

既然你已经开始为实现自由而制定战略，并将这些流程付诸实践，就请记住，要重点关注个人自由思维模式的核心基础，即

- 虚拟雇员是人，不是程序。
- 将心比心，以质量换质量。
- 为岗位而非任务寻找员工。
- 没有超级虚拟员工这种生物。

　　我希望大家能更充分地理解最后一条。我每天都能收到来自某位忙碌不堪、精疲力竭却又满腹伟大想法的企业主的电邮。他总觉得聘用一个超级虚拟员工就能解决自己在营销、客服，以及企业管理等方面遇到的所有问题。

　　一旦开始聘请虚拟员工并与之共事，你就要放聪明些，跟着感觉走，慢慢来。如果你已经投入时间和金钱将任务外包给虚拟员工，就应该要知道，万事不可能一蹴而就，也无法凭一己之力完成。

带你走上正轨的最初六个月

　　如果这些都已经记住了，那我就要给你们提出一项挑战：你可以按照下面六个月的时间安排开始动手，只要努力实现每个阶

段的目标就行。2010年，我就是这么做的。经过一段时间的努力（招人的时候再带上点运气），你的公司就应该能走上正轨。

第一个月

聘请一位综合助理，花点时间就自由三清单中第一列的各项任务——就是那些你不爱做的事情——对其进行培训。

不用说，这些工作与企业的日常管理直接相关，而且会占用你不少时间，因此要马上把它们从你的工作范围里清理出去。

第二个月

重点关注三清单中的第二列：你不会做的事。综合助理能搞定这些吗？

如果可以，就交给他们。要是不行，就让他们去找能替你解决这些问题的独立虚拟员工，就算是每个项目聘请一次也行。只要能把这部分工作从手里转出去就可以！

第三个月

这个月要用来处理清单第三列：你不该做的事。还记得吧，我之前说过，这需要好好思考一下。所以花点时间好好想想。

一旦你把一部分任务指派给了综合助理（要是他不会，就会派给自由职业者），就要开始计划招新人了。

第四个月

现在，应该感觉肩上的担子轻了一些吧。但愿你正处在超人情结的恢复期，而且体会到让综合助理（以及其他按任务聘请或兼职的虚拟员工）替你处理部分任务的好处。

这时就该聘请新人了。在现今的社会里，我建议你请一位搜索引擎优化/网站营销虚拟员工，他能帮综合助理更全面、有效地处理在线拓展业务。

第五个月

现在，虚拟搜索引擎优化员工应该能和综合助理并肩协作了。也许网络流量还没有大幅增长（通常要经过几个月扎实的搜索引擎优化工作才能显出成效），但只要你选对了人，就一定会发现，自己的社交媒体频道发生了一些重大变化。你的博客和其他内容营销真正开始腾飞。

这个月要一直在内容上下苦工夫，因为虚拟员工需要全新、原创的内容来拓展市场、提高业务。

也许你已经开始想着要给自己放几个星期的假了。说真的，让综合助理知道你很信任他们，然后把与管理虚拟搜索引擎优化员工相关的日常工作交给他们，看看他们独当一面的表现吧。

第六个月

要是上个月你休了假（我希望你休过了），就能了解到在你不插手的情况下，这些虚拟员工的协作情况。效果如何？

如果你没有休息，也没关系——我能理解。我也是这么过来的。不过，还是尽快把休假排到日程里去吧！现在，你正式开始实现个人自由任务已有半年时间了，感觉如何？直接发邮件到

Chris@ChrisDucker.com，把你的感受告诉我吧。

现在请回头看看你的自由三清单（现在发现这小小的清单有多重要了吧），划掉那些<u>不</u>需要你亲自动手做的事情。剩下的就是接下来六个月你的"大扫除清单"了。

你已经取得了长足的进步，我为你感到骄傲。在继续壮大团队、制定策略以及将流程付诸实践的过程中，请记住，目光要放长远，要考虑工作的角色而不是具体的任务。

最重要的是，要有虚拟思维。

很可能你的竞争对手已经具备了这种思维，但好消息是，你现在也学会了，在发展属于自己的虚拟明星团队的过程中，你也许还能引领潮流呢！

VIRTUAL FREEDOM

结束语

虚拟团队改变了我的工作与生活

本书已接近尾声，我希望自己实现了最初的目的——向你们展示组建一支虚拟团队如何能将你从工作中解放出来，使你能仔细考量自己的事业，而不是埋头苦干。

2012 年，我决定不再当一个精疲力竭、从头管到脚的企业主，决定实现自己成为虚拟首席执行官的目标。不然，我根本就无法完全领悟，拥有更多自由对我自己、我的家人和我的企业而言到底意味着什么。现在我有时间辅导孩子们做作业，享受着定期休假，一周只工作四天，而且还能时常关注如何进一步推动企业前进这类宏观思考，此时，我的虚拟员工（还有一些非虚拟的员工）都在努力工作，保证企业每天都能正常运转。

那一年改变了我的生活，让我能在工作中注入一个全新的焦点——它以自由为基础，让我能够充分利用我的企业家生涯。至少可以这样说，能够培养起对抗超人情结的能力，并以自己的方式生活是值得的。

希望大家在通往个人自由的道路上心想事成！

虚拟团队建设的十大误区

让我把话挑明了吧，你绝对会犯错。要想制定出一套适合你的公司和个性的流程，就需要反复尝试，不会突然从哪儿冒出颗仙丹来，也没有什么是一上来就能起作用的。不过，这没关系，犯错是学习的最佳途径。

但有些错误会反复出现。不论是初出茅庐的菜鸟，还是久经沙场的老手，都会中招。

过去几年中，挣扎在外包领域的企业家给我发来了成千上万封电邮。我据此挑选出十种重现率最高的错误，编成了下面的清单。这些错误都应该，也都可以避免。

管理不善或缺乏管理团队的意愿

眼不见，心不烦——是这样吗？不见得。尽管你不是每天都能见到虚拟员工，但还是要对他们进行监管。事实上，在最初的几个月里，还应该进行大量管理。员工管理不善这种错误人们经常会犯，因为企业家并不打算花多少时间去留意员工的表现。毕竟，选择外包不就是为了获得更多自由的时间吗？

当然没错，可你一开始还是要干一些跑腿活。你得像对待实体企业中的新雇员那样，对外包员工进行培训。不管是全职雇员还是兼职员工，你必须使所有人都融入企业，教会他们你的处世之道。

企业主在管理虚拟员工时，常会犯三种主要错误：

● 毫无监管：这经常出现在没有任何外包经验的企业家身上。他们觉得，"我请了一位专家，他知道该怎么做"。尽管事实可能的确如此，但你还是必须设定阶段性目标、审核工作，并确保虚拟员工不会碰到什么麻烦。

就把这叫做与员工同步吧。你甚至都不需要每天同步一次，但这件事非做不可。在办公室里，主管通常会在每周例会上检查每位员工的工作进度。而在外包领域，你在初始阶段也许需要每周检查两次，甚至是三次。不用花太多时间来检查他们的工作。每天早晨或晚上和他们聊上五分钟就行了。这样，你就能了解到虚拟员工当天的工作安排或是迅速掌握项目的最新进展。

还有一个不错的主意就是让虚拟员工知道，他们可以随时联系你。告诉他们，你非常欢迎他们在遇到难题或问题时，给你打电话。如果你不想在某个特定时段被打扰，就给他们制定一张日程表，或者让他们电话留言。

如果你和外包员工身处不同时区，在拟订日程表时就要十分小心。你总不想在半夜被吵醒吧——虚拟员工也一样。要是混淆了时区，这种情况就可能会发生。

● 从头到脚进行监管：另一种极端的管理者是事无巨细的偏执狂。那些之前吃足了外包的苦头，并且行事莽撞的人通常都会这么做。他们必须知晓一切。

我所说的一切包括：提交每日报表、每小时进行更新、疯狂打考勤、隔几分钟打一通电话，以及在虚拟员工的个人电脑上安装键盘记录器或屏幕截图软件。这样一来，这个什么都肯不放过的经理就能窥探员工的一举一动了。

确保团队成员没有虚度光阴是一码事，但要他们提供如此多的信息就完全是另一码事了。这样反而会使他们无法完成任何工作。审阅详尽的报告和考勤表很花时间。要是每天花在这些事上的时间超过了半个小时，就会拉低团队的效率。不要每隔十分钟就打电话给虚拟员工，询问他们事情办好了没有。

除非分配的任务本身需以小时为单位来处理，比如回电话或提供在线客户支持等，不然就只把重点放在已经完成的工作上。

控制用来检查员工的时间。每天一通简短的电话或是每周或每两周一次的长会足以了解他们的进展。再多做要求，既耗时又费钱。多数外包员工，尤其是自由职业者，会因为花时间撰写这些冗长的报告而收取额外费用，然后，你还得腾出时间来把它们全都看完。

安装键盘记录器和屏幕截图软件只会吓唬员工，或是给他们带来一种你信不过他们的印象。遗憾的是，要是真走到这么极端的一步，可能你根本就不相信自己的员工——而信任是在外包行业取得成功的一个很重要的因素。这种不信任绝对能将你内心的恐惧公之于众，结果就是你永远也找不到一位优秀的虚拟员工，因为他们都被你赶跑啦！

要是总有人想探着脑袋偷窥你在干什么，你根本就没办法做事。有些人聘请了虚拟员工，却又把自己所有的时间都用来监视他们。老实说，我无法理解那种人。这么做完全违背了外包的初衷。

● 不知如何进行管理：你可能听过这种说法，"经理能成为优秀的员工，但不是所有员工都能成为优秀的经理"。也许你的本职工作做得很出色，但这并不意味着，你就能自动成为一位优秀的经理。信不信由你。我接触过的绝大多数企业主都说，一开始，他们的管理水平很差，我也是这样。

多数企业家自己就曾是毫无管理经验的员工，或是在任务量渐长时，突然觉得有必要扩大业务规模的自由职业者。如果你是第一次当老板，就准备好犯些错误吧，因为你会犯很多的错误。要学会原谅自己的错误，并将它们转化成学习的机会。随着时间的流逝，这种自知之明会丰富你的管理经验。你不可能在一夜之间就变身成一位优秀的管理者。

请记住，你手下的人性格各异，他们与你不同，不要指望他们的行事方式与你一致。

最后，请不要忘了，经理或主管是一个岗位。只有花时间进行大量工作，有时还要加上更多的学习才能有所进步。如果你觉得自己需要帮助，就大胆开口。抛下你的自负，还记得我说过的自我意识吗？去向那些与你职位相似的人讨教经验吧。

选错了地点

说到外包，在很大程度上决定你成功与否的因素是地点，地点，还是地点。选错了外包地点经常会让你赔了时间又花钱。例如，在菲律宾，像转录或数据录入这种传统的商业任务可以外包给省级城市或小型城市的虚拟员工。那里的人力资源便宜，但这些人通常没什么经验，所以你要预备好他们会出纰漏。非传统的业务流程外包（BPO）或知识流程外包（KPO）工作应分派给拥有更先进的设备、更丰富的经验，以及更完备的知识的人。他们通常聚集在大城市及其周边的城市群，例如——以菲律宾为例——马尼拉、达沃或宿雾岛。

未能分析虚拟员工的需求

一旦企业家意识到，将任务分配给虚拟员工之后自己能省下大量的时间和金钱，有时他们就会迷恋上外包，开始把一切都外包出去。还有人可能也想进入外包领域，但这一步始终迈不出去——他们不知道该外包哪些任务，也不知道如何操作。他们舍不得把任何任务都外包出去。

在外包一项任务或项目前，要先分析一下，这份工作是交给本地员工、你自己还是虚拟员工好。并不是什么任务都适合指派给虚拟员工，一个完美的例子就是所有与文字工作相关的任务。尽管本地员工的工资更高，但与海外雇员相比，他们是否能写出语法错误更少、质量更高的作品呢？如果是，那么让本地团队来完成这项工作就是值得的，因为你不用花很多时间和金钱去加工润色。

很多企业家仅仅因为自己不想做某些工作就把它们外包了出去，即便这些工作他们自己能做，或应由他们来做。如此一来，员工数目就会翻倍，开销就要增大，但这笔钱其实完全能省下来。就更不用说，如果外包了错误的任务或岗位，还会对企业造成损害。

如果没必要把某些任务外包出去，那么将其分解成一些可控的小项目就十分重要。因为你可以很容易地追踪项目进程，并弄清是否需要将其分配给一位虚拟员工或一支虚拟团队来完成。

回头看看你的自由三清单吧。用它们来指导你，帮助你看清自己一开始到底需要或想要外包的是什么。这将有助于你弄明白哪种岗位的员工适合为你处理这项任务。

采用错误的外包模式

天下的公司各有千秋，它们规模不同，市场有别，预算各异，需求也大相径庭。如果你想找一位助理来做联盟营销，显然不会买一本细述《财富》100 强企业如何成功外包管理任务的书。同样，如果你创办的是一家建筑公司，购买一个只能告诉你如何聘请虚拟员工来创建 WordPress 网站的程序也无济于事。你的外包模式必须像手套一样贴合你的需求。找到合适的模式不是一件轻松的事——很多人在艰苦的工作面前都败下阵来。

某些外包建议存在的另一个问题就是，它们之中有一些为大家描绘了一幅不完整的外包流程图，在讲完招聘过程或仅仅展示了如何培训新团队之后就戛然而止。

外包是一个十分强大的工具，但你需要知道怎样运用它。为实现这一点，你需要退一步思考，更多地了解自己的公司、最适合你及公司的外包类型，以及外包流程的初始化设置（我在第一至第三章中已经概述过了）。

为了能找到合适的外包模式，你需要亲临一线，去和那些已经聘请了虚拟员工的人谈一谈。你可以在脸书或领英等社交网站上搜索那些集中讨论外包以及与虚拟员工共事的小组。问问组里的成员，他们如何组建并利用团队。学习一些知识，最重要的是，要乐意用心去做这件事。

薪酬太低（也叫铁公鸡问题）

最近，"外包"这个词好像成了"便宜"的同义词——就像是，低廉的劳动力、便宜的间接成本、低成本的获利，以及最终的廉价产品。这是我一直想要改变的。外包当然不便宜，但它的性价比很高，你支付给虚拟员工的工资也是一样。而且，谁都不喜欢别人把"廉价"二字用在自己身上，员工也一样，心怀不满的员工通常都会表现很糟。

在工资问题上，很难给出一个让你和你的雇员都满意的数字。人们总觉得自己受到老板的剥削，不然，那些大公司的高管们就不会期待在自己天文数字般的工资之外，再拿百万美元的奖金了。我对合理薪酬的定义是高于市场价，但低于你会支付给相应国内员工的工资。

一些海外虚拟员工的工资通常比相应岗位的国内员工低150％。考虑到这一点，你显然就要根据他的经验来决定其工资水平。很多网络营销"大师"喜欢推销一种想法，即每月向一位虚拟员工支付250美元，让他来处理所有的苦活。虽然这个主意可能听上去很有诱惑力，但并不是总能行得通。多数时候，他们这么说的目的就是想让你对外包产生兴趣，然后购买他们具有颠覆性的在线产品。现实一点吧——要是你一小时只支付给他1.56美元，还能指望他的工作质量达到什么程度呢？

我在采访和演讲中不厌其烦地提到过，合理的工资是由虚拟员工的经验、身处的地域，以及市场的价格所决定的，而且随着对虚拟员工需求的增长，其工资水平发生了很大的变化。

可登录 ChrisDucker.com/VAPay 了解菲律宾的最新工资水平。我会在博文里经常更新与向菲律宾虚拟员工支付薪酬相关的指导。

如果你聘请的虚拟员工毫无经验，就要根据其所在地的市场价来决定他们的工资水平。但如果你聘用的员工具有线上和线下的工作经验，你就要准备好按照他们的经验水平、岗位预期来确定薪酬。

很多方法都能打造一支值得信赖的团队，最简单的办法之一就是支付给虚拟员工合理的工资。这份工资要考虑到他们对薪酬的预期、市场规范，以及你愿意支付的工资水平。给出一个具有吸引力的报价，对你以及员工来说要既周到又合理。

如果你只出得起这个价位，那就再加上一份公司福利。例如，晋升的机会、带薪假期、免费产品、佣金奖励或是有规划的加薪等。如果你是一名教练或能提供其他类似的服务，你们甚至可以尝试互换服务。

不了解外包地的文化

选定了正确地点之后，还要了解在那里工作的人。这绝对是极为关键的一步。虽然我们期望虚拟员工适应雇主的文化，但总有些东西是无法改变的。这包括虚拟员工的职业道德、时间限制、社会地位、语言习惯以及整体态度。如果你正与海外员工一同工作，就请他们提供一些能展现自己国家文化的旅游网站。这能使你们保持立场一致。

例如，南亚人通常十分腼腆，并且彬彬有礼。他们的语言中包含了对兄长、老板及职业人士的头衔称呼。明确的社会结构教育他们要尊重长辈。如果你把具有这些品质的人放到一家信用卡公司的收账部门，要求他们在工作中直呼别人名字，并对拖欠付款的客户粗声说话，那简直就是在虐待他们。我不是说他们做不到这一点，因为这还是能实现的，可要先对他们进行一定的培训。同样，如果在虚拟员工生活的地方，人们习惯于不先开口，那你可能就会把他在会议中的沉默当成是缺乏积极性或没有想象力。

适应文化是一个双向的过程。你必须足够重视虚拟员工国家的文化，就像你期望他们能尊重你的文化一样。尊重彼此间的差异，可能这听起来像是常识，但企业家总会在这个问题上受到挫折。他们期望海外员工能像他们一样行事。他们疏远了团队成员，而不是去接受每个人的不同之处。

打造一支具有凝聚力的远程团队的关键就在于，要意识到并接受员工与你之间的差别。

缺乏恰当的体系与交流

要是你的经理不想进行管理、团队成员工作时段各异、完全不知晓别人在忙什么，也没有沟通体系，那么你就为外包成功埋下了隐患。虚拟团队需要很高的稳定性与大量的体系。团队需要制定协定和应急计划来做支撑。这也是为何我会建议让综合助理或项目经理创建一份操作手册并经常更新的主要原因之一。要是有人离职，你就能大致了解他每天所做的事，以及所走的流程。

有些企业家觉得这么做太过死板，认为这会扼杀创造力。相反，**体系**能催生创造力。例如，规定一个集思广益或酒吧闲聊的时段。这么做不仅能让员工知道，你鼓励甚至期望他们提出新点子，并且能促进创新不断涌现。

交流是虚拟工作中最难的部分。你要投资一个适合你和团队的协作平台。要是你找到的那个用起来很顺手，可价格有点超出预算，千万不要小气——把它买下来。你也要知道，如果一项任务在人们面对面工作时，要耗费一小时才能完成，那么把它放到只能通过电话进行沟通的环境里，很可能要花上两倍的时间。如果你要通过电话会议与四个人进行交谈，需要的时间会更长。

良好的沟通不仅局限于拥有适当的技术或体系。如果你的虚拟员工身处海外，文化也在其间也起到了一定作用。他们可能有自己的一套说话方式或特定的禁忌。因此，我建议你上网做一下调查，尽快了解他们的文化。

你和团队都需要做一些基础性工作，才能找到彼此的契合点。一旦成功，距离就不再是问题了。

不愿适应虚拟工作环境

一旦开始与身处远方的员工一同工作，你就会开始严重依赖科技以及快节奏的网络。那些我行我素的传统人士很容易就会被甩到后面。你需要在团队员工培训，可能还有新软件上做一定的投资。虽然聘请一位已是不惑之年的虚拟员工或一位二十出头的网络推手极为寻常，还是有些企业家觉得难以接受这个事实。

一位 50 岁的干洗店店主也许不会接受一位 23 岁的搜索引擎优化专家给出的想法。同样，一位 24 岁的网络推手可能会对一位 37 岁的虚拟员工在管理在线文档方面提出的建议嗤之以鼻，尽管后者的确拥有 15 年线上和线下行政助理的工作经验。

这类偏见会拖你的后腿。网络的永恒主题是改变，而且这种改变极为迅速。要么你跟上潮流，要么被淘汰出局。这是新的经商之道——或者就像我经常说的那样，是虚拟商业的生活方式。

未能充分利用虚拟人才

尽管很多企业家为确保自己的线上公司能长期持续发展而工作勤勉，但他们并没有考虑过自己员工的发展问题。一些企业家把虚拟员工视作临时工，或是在公司起步阶段拿来填补职位空缺的廉价人选。一旦企业做大，他就会想要租一间办公室，通过聘用全职雇员来发展企业。因此，他根本不关心虚拟员工的培训或管理问题。

另一些企业家则放任自己的公司变得头重脚轻。他们一直在给自己升职。尽管自己的初级员工有资格获得晋升，他们还是从公司外部请人来担任管理人员。他们只是忘了，虚拟员工也是能够升职的。

还有的企业主完全忽视了虚拟员工的能力，因为他们从骨子里存有偏见，认为他们与那些全职工作的人不可同日而语。虽然这种偏见会让人误入歧途，但极为常见。

你绝不能单凭一个人现在能做的事来挑选员工。相反，设想一下他们在未来能为你的公司发展做出的贡献。未能充分发挥虚拟员工的才能是一种常见的错误，而且你会为此付出不小的代价。外包员工与其他雇员一样，也会心生厌倦，会离开你去寻找更具挑战性的工作。

如果你完全没有意识到虚拟员工身负的技能，他们就会觉得自己没有受到重视，并因此离开公司。如果你觉得团队成员没有公司重要，他们也不会认为你的公司很重要。这通常会造成员工工作表现糟糕或员工完全流失。

记住，只有阻止人才流失，学会如何留住并管理外包员工，这场为一支高效团队找到成员并发展团队的战斗才能获胜。招聘和培训费事耗钱。不要用短浅的目光来看虚拟员工，要把眼光放长远一些，将他们纳入公司的发展规划。鼓励发展他们的潜力，尽可能让他们都参与到公司的发展中来。

试图将你的理解外包

当我们说能外包一切时，并不是说外包员工能取代你在经营公司时的专业技能和知识。有不少不太可靠的企业家，他们读了几本书，选择了利基市场，并决心在一夜之间成为某个领域的专家，虽然他们自己在该领域完全没有经验并且毫无发言权。尽管他们也许能赚到一些钱，但我们很容易就能看出来，这种人在商界待不长久。

同样，一些企业家将公司中自己一点都不懂的那部分外包了出去，并百分百地依赖虚拟团队的知识。也许你并不需要了解如何处理公司中大大小小的事务，但你需要知道，为什么这项工作很重要，或者至少要弄清楚它的工作流程。例如，你可能并不需要知道怎样利用 WordPress 来创建一个网站，但你一定要知道为什么用这个平台，而不是 Drupal① 或是 Joomla② 来完成网站的建设。

---

① 使用 PHP 语言编写的开源内容管理框架，连续多年荣获全球最佳内容管理系统大奖，是基于 PHP 语言的最为著名的 Web 应用程序。

② 一套在国外相当知名的内容管理系统。

为了让你有效地经营不断发展的虚拟公司，你需要掌握一些不可或缺的细节信息。你不能假装自己是一个专家。也许你能聘请到一群虚拟员工，让你坐上所在行业专家的宝座，或是能找一位程序员为你创建一个网站，让你看起来的确像个专家，但你还是需要自己来管理公司。除非你很清楚自己正在做什么，否则就不能这么做。

如果你想探索某个特定领域，那就花点时间了解一下，然后再请人来助你在该领域取得一席之地。你的可信度不是由你的员工，而完全是由你自己决定的。要是公司业务中有一部分你一无所知，可以让团队成员做出解释。问问他们，为什么要这么做，或是为什么这么做很重要。一位真正优秀的虚拟员工能一步一步向你解释清楚，为何运行一个程序或采用一种设计对公司来说至关重要。他也应该说明新程序或设计对潜在发展的影响。

• • •

让我们重新概述一遍本书的要点。首先，每家公司不尽相同。因此，一开始就要花些时间弄清什么应该、什么不应该外包出去。这一点很重要。一旦完成了这项工作，就应该确定把工作外包给谁。这份工作是交给国内雇员或自由职业者，还是交给海外虚拟员工呢？

外包的目的不是简单地卸下工作的担子。它关乎创建一家高效、精简的企业。你能用明智的态度来管理企业，并将企业的重心放在让自己——老板——尽量获取用来经营、发展企业的自由上。

附录二

虚拟团队建设工具箱

我在下面罗列了书中提到的所有重要网站、服务、软件及解决方案，并补充了一些。

你也可以订阅我的博客 ChrisDucker.com。这样，一旦我更新了网站内容、演讲安排、额外项目以及思维大师活动等，你就能立刻知道。不仅如此，你还能因此获得大量免费资源。

我分类列出下述资源，并用一句话对它们进行了概括。

寻找与聘用虚拟员工

- Craigslist.org
  提供公司公开招聘、自由职业者求职等服务。

- eaHELP.com
  提供美国虚拟员工服务。

- Elance.com
  自由职业虚拟员工的就业市场。

- Freelancer.com
  大型就业市场，汇聚了来自多国的自由职业者。

- HireMyMom.com
  提供美国行政支持与服务。

- oDesk. com

  自由职业虚拟员工的就业市场。

- VirtualStaffFinder. com

  提供综合助理职介服务。

- Zirtual. com

  提供美国虚拟礼宾服务。

培训工具与资源

- Lynda. com

  提供商业、软件及创新技能的培训课程。

- MindTools. com

  提供个人提升及职业技能提高的培训与资源。

- Techsmith. com/Camtasia

  一款在个人电脑上录制屏幕的软件；可用来培训虚拟员工。

- Techsmith. com/Jing

  可在苹果电脑和个人电脑上免费录制五分钟截屏视频的软件。

- Techsmith. com/Snagit

  可用来培训虚拟员工的截屏软件（适用于苹果电脑和个人电脑）。

- Telestream. net/ScreenFlow

  在苹果电脑上录制屏幕的软件。适合用来培训虚拟员工。

- Udemy. com

在线课程合集，话题应有尽有。

- VirtualStaffTrainingAcademy. com
  我制作的虚拟员工培训课程。（你可以直接拿来用！）

项目管理解决方案/软件

下面这些软件系统能让你在其网络门户上管理你的虚拟员工，并与他们一同工作。这些软件的基本目的都是一样的——帮助你和你的团队保持高度集中的高效状态。

- Asana. com
- Basecamp. com
- HiveDesk. com
- Huddle. com
- Mindjet. com
- TeamworkPM. net
- Zendesk. com

通信工具

- Google. com/hangouts
  视频电话软件，召开虚拟会议的完美之选。
- Google. com/sites
  能为公司创建内网。
- GoToMeeting. com
  用来召开虚拟会议的电视会议软件。
- GroupMe. com

发送群组消息的便捷工具，其相应的移动应用程序也很出色。

- MeetingBurner. com
  一款操作方便的优秀软件，还具备录音功能。
- Skype. com
  与虚拟团队工作的过程中，最好的视频及音频通信工具。

共享、同步文档

- Dropbox. com
  能在多设备、多用户间共享并同步文档的软件。
- Google. com/drive
  前身是谷歌文档；能在多用户间共享文件。
- Screencast. com
  在线存储、共享文档及视频等。

效率工具及软件

- Evernote. com
  收集、分类、组织好点子。
- LastPass. com
  密码管理工具。
- RhinoSupport. com
  提供十分出色的电邮管理及技术支持服务。
- ScheduleOnce. com
  调度门户网站，帮助管理日程表。

- Simplenote. com

   能在多种设备上记录笔记的移动应用程序。

- TeuxDeux. com

   操作简便的待办事项管理器。

- TimeandDate. com/holidays

   罗列了各国节日。

- Trello. com

   迷你项目管理系统，同时也能收集好点子。

一次性外包解决方案

- 99designs. com

   图形设计师及其客户的在线市场。

- Babelverse. com

   提供语音翻译服务。

- Fiverr. com

   能快速、实惠地将一次性任务外包出去。

- Microtask. com

   文档处理、数据录入及校验。

支付平台及相关信息

- ChrisDucker. com/VAPay

   提供有关支付虚拟员工工资的额外信息及资源，其中包括可以代替贝宝的支付方式（并不断更新）。

- Paypal. com

在线支付平台，支付虚拟员工工资等的完美之选。

线上销售工具

- AdRoll. com
  能进行智能再定向，让你的广告出现在恰当的地方。
- Aweber. com
  创建电邮列表、进行营销的软件工具。
- BreakthroughBlogging. com
  提供出色的博客教程等。
- Digg. com
  创建社会化书签的平台。
- Docstoc. com
  在线文档及演示文稿（PowerPoint，Keynote）的共享平台。
- Fizzle. co
  提供如何创建网络公司的指导手册等。
- Google. com/adwords
  提供能将你的网站推销出去的广告。
- Google. com/trends
  能用来发现谷歌上的热门关键词。
- GoogleKeywordTool. com
  能搜索、整理行业关键词和术语。
- LeadPages. net
  能便捷地创建登录页面，以扩展邮件列表。
- LongTailPro. com

搜索、追踪、管理关键词的工具。

- MarketSamurai. com

搜索、追踪、管理关键词的工具。

- PlagiarismChecker. com

核查书面内容是否抄袭了网上资料。

- Reddit. com

社会化书签网站。

- Shopify. com

能让你创办网店，推销自己的产品的电子商务工具。

- SlideShare. net

在线演示文稿（PowerPoint，Keynote）的共享平台。

- StumbleUpon. com

社会化书签网站。

社交媒体及团队建设工具

- Facebook. com/about/groups

能为虚拟团队的建设创建私人群组。

- Google. com/plus

谷歌自己的社交媒体平台，发展迅猛。

- Instagram. com

能在移动设备上共享图片和视频的平台。

- LinkedIn. com/directory/groups

商业群组的集合。为什么不建一个自己的群呢？

- Ning. com

创建社交媒体平台的工具，助你打造自己的脸书主页！

- Pinterest. com

  以图像为主的社交媒体平台。

- Twitter. com

  微博网站。

- Yammer. com

  企业社交媒体平台（脸书的公司版）。

播客及视频营销

- Animoto. com

  操作简便的在线视频编辑软件。

- Apple. com/garageband

  能为培训虚拟员工而创建播客或音频文件。

- Audacity. sourceforge. net

  音频录制、编辑软件，可用在播客及培训中。

- BuddyPress. org

  发布播客时能便捷使用的 WordPress 插件。

- Splasheo. com

  为在线视频定制开头及结尾。

- YouTube. com

  在线视频共享平台。

图像、图形及网页开发工具

- IconArchive. com

拥有海量的网页图标及辅助图形。

- IconBeast. com

  拥有大量网页图标和图形。

- iStockPhoto. com

  拥有大量照片、插图等。

移动应用程序开发及工具

- iBuildApp. com

  这个平台能让你创建可在 iPhone 和 iPad 上使用的应用程序。

- MobileDevHQ. com

  能进行移动应用程序的营销及促销。

- ShoutEm. com

  一款操作简便的移动应用程序开发软件。

额外资源及各式链接

- Bluehost. com

  很棒的网络虚拟主机及域名提供商。

- FreshBooks. com

  小企业用的会计软件。

- WordPress. com

  最出色的博客及网站开发软件。

- WPCurve. com

  逐月调整、更新 WordPress 的简单服务。

- Xero. com

  在线会计软件。

推荐阅读

下列有关线上创业及小企业营销的资源都在书中有所提及。
我建议大家仔细阅读上面的所有文章。

- AmyPorterfield. com

  提供了有关脸书营销及广告的建议。

- BecomeABlogger. com

  莱斯利·塞缪尔的这家公司教授大家如何通过博客改变
  世界。

- BlogMarketingAcademy. com

  大卫·里斯利搭建的这个平台为公司创建博客。

- EntrepreneurOnFire. com

  约翰·李·杜马斯的每日商业播客。

- EventualMillionaire. com

  杰米·塔蒂创建的超级鼓舞人心的博客和播客。

- JamesWedmore. com

  提供了在线视频及工作效率方面的小贴士。

- LewisHowes. com

  提供了企业家精神及生活方式设计方面的帮助和灵感。

- MichaelHyatt. com

  有关领导能力、出版及个人品牌的建议。

- SmallBizTrends. com

安妮塔·坎贝尔及其团队提供的大量小企业知识库。

● SuitcaseEntrepreneur. com

娜塔莉·西森撰写的博客与书籍。

● RyanLee. com

有关在线营销及产品创新的技巧和策略。

● SuperFastBusiness. com

詹姆斯·施拉姆科提供的在线商业策略。

● TheRiseToTheTop. com

戴维·斯特曼·加兰德提出的有关媒体企业家等的建议。

● ThinkTraffic. net

科贝特·巴尔创建的有关在线营销与流量生成的博客。

最后，不要忘了花一些时间来登录本书的网站。你会找到所有模板、资源链接、额外内容、对那些将虚拟员工引入自己公司的成功企业家的访谈等丰富的内容。

你可以登录 VirtualFreedomBook. com/Reader，免费获取这些资讯。

图书在版编目（CIP）数据

云端的员工：互联时代的用人模式与新商业生活/达克著；诸葛雯译 . —北京：中国人民大学出版社，2015.12
ISBN 978-7-300-15101-4

Ⅰ.①云… Ⅱ.①达… ②诸… Ⅲ.①企业管理-组织管理学-研究
Ⅳ.①F272.9

中国版本图书馆 CIP 数据核字（2015）第 263193 号

云端的员工：互联时代的用人模式与新商业生活
克里斯·达克 著
诸葛雯 译
Yunduan de Yuangong

出版发行	中国人民大学出版社	
社　　址	北京中关村大街 31 号	**邮政编码**　100080
电　　话	010 - 62511242（总编室）	010 - 62511770（质管部）
	010 - 82501766（邮购部）	010 - 62514148（门市部）
	010 - 62515195（发行公司）	010 - 62515275（盗版举报）
网　　址	http://www.crup.com.cn	
	http://www.ttrnet.com（人大教研网）	
经　　销	新华书店	
印　　刷	北京联兴盛业印刷股份有限公司	
规　　格	148mm×210mm　32 开本	**版　次**　2016 年 1 月第 1 版
印　　张	8.25 插页 2	**印　次**　2016 年 1 月第 1 次印刷
字　　数	171 000	**定　价**　45.00 元